Oliver Faatz

# CLOSING

## Der wichtigste Schritt
## zum Erfolg im Verkauf

Dieses Buch ist erhältlich als
978-3-7482-6359-3(Paperback)
978-3-7482-6360-9(Hardcover)
978-3-7482-6361-6 (e-Book)

© Oliver Faatz 2019
Auflage 1
Umschlaggestaltung: Oliver Faatz

Coverbilder: Oliver Faatz, Peter Faatz, Unsplash

Verlag und Druck: tradition GmbH, Halenreie 40-44, 22359 Hamburg

Bibliografische Information der Deutschen Nationalbibliothek
Die Deutsche Nationalbibliothek verzeichnet diese Publikation
in der Deutschen Nationalbibliografie; detaillierte bibliografische
Daten sind im Internet über http://dnb.dnb.de abrufbar

## Das Ziel

Dieses Buch ist als Hilfestellung für alle Neueinsteiger in den Verkauf und alle Menschen, die sich in diesem Bereich weiterentwickeln wollen, gedacht. Auch erfahrene und erfolgreiche Verkäufer und Closer sind dazu eingeladen, dieses Buch zu lesen, um ihr Wissen aufzufrischen oder den einen oder anderen Gedanken mitzunehmen. Wir lernen nie aus und können auch aus bereits bekannten Dingen etwas Neues lernen. Deswegen möchte ich dich hier dazu ermutigen, das ganze Buch zu lesen. Für Erfolg in jedem Bereich ist ein Zusammenspiel von Theorie und Praxis erforderlich. Ohne die Theorie kann die Praxis nicht optimal umgesetzt werden und ohne Praxis ist die Theorie nutzlos. Dieses Buch wird dich mit anwendbarem Wissen ausstatten, damit deinem Erfolg im Closing nichts mehr im Weg steht.

# Inhalt

# Kontrolle

# Umgang mit Vorbehalten

# Dein persönlicher Erfolg

# TEIL I

# Grundverständnis vom Verkauf

# 1

# Was ist Verkauf?

*Verkäufer bist du immer und überall*
*~Martin Limbeck*

Was macht für dich ein erfolgreiches Leben aus? Ein schickes Haus mit einem Sportwagen? Eine wunderschöne Frau an deiner Seite? Eine liebevolle Beziehung, voller Zuneigung und Leidenschaft? Gute Freunde, mit denen du Spaß haben kannst? Egal wie die Antwort ausfällt, du musst immer jemanden dazu bringen, dir das zu geben, was du haben willst. Was meine ich damit? Um etwas zu erhalten, musst du immer etwas geben.

Das Leben ist ein Geben und Nehmen. Dieses Sprichwort hast du bestimmt schon einmal gehört. Wenn du gute Freunde haben willst, die ehrlich und loyal dir gegenüber sind, dann musst du diese Eigenschaften auch ihnen entgegenbringen. Wenn du eine liebevolle Beziehung haben willst, dann musst du deinem Partner auch liebevoll begegnen. Wenn du deinen Traumpartner finden willst, dann musst du die Zeit investieren, ihn oder sie zu suchen und später auch, ihn oder sie kennen zu lernen.

Wie denkst du, ist es mit Geld? Richtig. Du musst jemandem etwas dafür geben. Genau das ist Verkaufen. Verkaufen ist der Tausch von einer Sache gegen eine andere. Dazu müssen beide Parteien die Sache, die sie erhalten, mehr wertschätzen als die, die sie dafür aufgeben. Andernfalls kommt kein Tausch und dementsprechend auch kein Verkauf zustande. Verkauf ist der Tausch einer Sache gegen eine andere, also ein Geben und Nehmen. Genauer gesagt, das Leben ist verkaufen. Wir verkaufen uns in jeder Sekunde und erhalten dafür immer etwas zurück.

Wenn du arbeitest, tauschst du deine Zeit gegen Geld, verkaufst also deine Zeit. Wenn du mit jemandem redest, dann verkaufst du dich, deine Fähigkeiten und Kompetenzen, sowie deine Schwächen. Dafür erstellt sich die andere Person ein Bild von dir und du bekommst eine dementsprechende Reaktion. Verkaufen ist nicht nur, jemandem ein Produkt zu geben und dafür einen Gegenwert, in den meisten Fällen Geld, zu erhalten, sondern alles, was wir im Umgang mit anderen Menschen machen. Die meisten Menschen nehmen diese Auswirkungen nicht bewusst wahr oder wissen nicht, was die jeweilige Reaktion ausgelöst hat.

Es wäre wahrscheinlich nicht möglich, alle Gegebenheiten des Lebens und ihre Lösungsmöglichkeiten in einem einzigen Buch zu behandeln oder diese überhaupt zu wissen, deswegen werde ich mich hier auf den Verkauf, im Sinne eines Tausches von Geld gegen ein Produkt, beschränken. Allerdings kannst du das Wissen in diesem Buch sicher auf viele andere Bereiche des Lebens anwenden. Dieses Buch ist für diejenigen gedacht, die ihre Ergebnisse im Verkauf verbessern, ihren Umsatz oder den ihrer Firma steigern und sich selbst weiterentwickeln wollen. Wie du bestimmt bereits gemerkt hast, werde ich dich in diesem

Buch duzen. So ist es für dich, den Leser, einfacher, dich angesprochen zu fühlen und so auch die Informationen aufzunehmen und für mich, den Autor, ist es einfacher, eine Bindung zu dir aufzubauen. Und nebenbei bemerkt ist es auch angenehmer zu schreiben.

## 5 Schritte im Verkauf

Bevor wir uns anschauen können, wie du deine Verkaufsergebnisse verbessern kannst, musst du zuerst wissen, was ein Verkauf ist und wie er abläuft. Was ein Verkauf ist, weißt du bereits, ein Wertaustausch. Also wie läuft der Verkauf ab? Es gibt fünf Schritte, die für einen erfolgreichen Austausch wichtig sind. Diese fünf Schritte werde ich dir im Folgenden erläutern.

### Aufmerksamkeit und Positionierung

Bevor du auch nur an einen erfolgreichen Verkauf denken kannst, musst du auf dich oder dein Unternehmen aufmerksam machen. Dieser Schritt sollte eigentlich allen klar sein, aber ich sehe immer wieder, wie Menschen diesen Teil auslassen und sich dann wundern, warum sie keine Kunden haben. Hier lenkst du die Aufmerksamkeit deiner potenziellen Kunden auf dich und sie werden sich darüber bewusst, dass du und dein Service oder dein Produkt existieren.

Zu diesem Zweck wird meistens Werbung in jeglicher Form oder Kaltakquise (das Kontaktieren von dir unbekannten Menschen) zum Gewinn von potenziellen Kunden, ich werde sie auch Prospekts nennen, benutzt. Die meisten Menschen haben keine Lust, stundenlang Telefonakquise zu betreiben oder fremde Menschen anzusprechen, um

Prospekts zu gewinnen. Auch wenn es an manchen Stellen durchaus sinnvoll ist, gibt es einen effektiveren Weg, bei dem du nicht auf Akquise angewiesen bist.

Durch Positionierung kannst du auf dich aufmerksam machen und dich als Experte in deinem Gebiet ausweisen. Wenn du als der Experte in deinem Gebiet bekannt bist, dann werden die Menschen, die deinen Service oder dein Produkt benötigen oder Interesse daran haben, von allein auf dich zukommen und du gewinnst auf diese Weise Prospekts. Also was genau ist Positionierung und wie funktioniert sie? Positionierung ist nichts anderes, als auf dich und deine Fähigkeiten hinzuweisen. Du stellst dich selbst als Experte in deinem Gebiet dar und machst darauf aufmerksam. Natürlich solltest du dazu gewisse Fähigkeiten in dem Bereich mitbringen und nicht nur so tun, als ob. Wenn du dich so positionierst, werden, wie eben bereits gesagt, Menschen, die deine Hilfe benötigen, auf dich aufmerksam. Aber nicht nur Menschen, die deine Hilfe benötigen, werden dich wahrnehmen, sondern auch diejenigen, die sie vielleicht aktuell noch nicht brauchen. Sie werden dann wahrscheinlich in der Zukunft, wenn sie Hilfe in diesem Bereich benötigen, zu dir kommen oder dich an Bekannte empfehlen, die ein Problem haben, was du lösen kannst.

Die einfachste Methode, sich als Experten in einem Bereich zu positionieren, ist es, ein Buch darüber zu schreiben. Menschen verleihen anderen, die ein Buch geschrieben haben, automatisch einen Expertenstatus. Sie gestehen Autoren einen höheren Wissensstand zu und betrachten sie als Autorität. Wenn du die ersten fünf Buchstaben des Wortes „Autorität" betrachtest, findest du das Wort „Autor". Es ist kein Zufall, dass „Autor" in „Autorität" steckt, denn die Menschen betrachten Autoren als Autorität. Sie denken, dass du nur als Experte ein Buch schreiben kannst und behandeln dich dementsprechend. In den meisten Fällen stimmt das auch. Ein Experte zu sein bedeutet nur, dass du mehr weißt, als die meisten anderen. Und das solltest du, wenn du in einem Bereich Geld verdienen willst. Dann solltest du mehr Wissen auf deinem Gebiet haben, als die meisten anderen. Was kannst du also machen, um in deinem Bereich anerkannt zu werden? Schreibe ein Buch!

Bestimmt warst du schon einmal auf einem Konzert, einem Seminar oder einem anderen Event. Erinnere dich daran, wie du denjenigen, der auf der Bühne stand und gesungen oder etwas vorgetragen hat, betrachtet hast. Wir heben Menschen, die auf der Bühne stehen, instinktiv auf ein höheres Podest und ordnen ihnen Autorität zu oder bewundern sie. Vielleicht hast du dir auch gedacht, dass du auch gerne da oben stehen würdest, ihn für seinen Mut bewundert oder dich gefragt, wie es sich wohl anfühlt, vor so vielen Menschen zu sprechen oder zu singen. Wenn wir jemanden auf einer Bühne sprechen hören, dann billigen wir dem, was er sagt, eine gewisse Wichtigkeit zu. Und das nur, weil er auf der Bühne steht oder vor mehreren Menschen spricht. Wenn alle anderen zuhören, dann muss es ja schließlich wichtig sein, oder? Das wird uns von klein auf beigebracht. Seit dem Moment, in dem wir in die Schule gehen, sollen wir dem Sprecher, meistens dem Lehrer, Respekt entgegenbringen und auf das hören, was er sagt. Dieses Muster behalten wir im Laufe unseres Lebens bei und orientieren uns daran. Deswegen gehen wir unterbewusst davon aus, dass derjenige, der auf der Bühne steht und zu mehreren Menschen spricht, mehr Wissen oder einen höheren sozialen Status hat und wir ihm zuhören sollten.

Dennoch hat alles seine Grenzen. Wenn der Sprecher keinen guten Auftritt hat oder sichtlich keine Ahnung von dem hat, was er sagt, dann rettet ihn das "auf der Bühne stehen" auch nicht. Generell scheint der Vortragende jedoch mehr Anerkennung zu genießen, als die Zuhörer. Wie kannst du dir das zunutze machen? Wie du es dir bestimmt schon gedacht hast: indem du selbst vor mehreren Menschen Reden hältst. Wenn du vor Menschen stehst, werden sie dich als Autorität sehen und dir mehr Wissen zugestehen. Je öfter und länger du auf der Bühne stehst, umso mehr Prospekts wirst du anziehen und umso mehr Umsatz ist für dich möglich.

Wenn du dich nicht traust, auf der Bühne zu stehen oder vor mehreren Menschen zu reden, dann fang mit kleinen Schritten an und beginne zuerst beispielsweise damit, vor deinen Freunden etwas vorzutragen und steigere dich dann immer weiter. Sich zu verändern bedeutet immer, die Komfortzone zu verlassen. Und du musst dich weiterentwickeln und verändern, wenn du etwas an deiner aktuellen finanziellen Situation verändern und verbessern willst. Denke daran, was die Alternative ist. Anfangs kostet es Überwindung, aber Kaltakquise zu betreiben kostet dich auch Überwindung und du hast ein längerfristiges Ziel vor Augen. Außerdem kannst du dir auf diesem Weg eine zusätzliche Einkommensquelle als Redner aufbauen und wer weiß, vielleicht wird es deine Berufung, nachdem du deine Schüchternheit überwunden hast. Rede vor vielen Menschen über dein Produkt, deinen Service oder deine Idee und du wirst schnell Menschen anziehen, die eben besagtes kaufen wollen.

Der letzte Schritt für eine erfolgreiche Positionierung ist die Erhöhung deines Bekanntheitsgrades. Um deinen Bekanntheitsgrad zu erhöhen gibt es viele Möglichkeiten, aber eine Sache haben alle davon gemeinsam. Du musst einen Mehrwert schaffen. Ob dieser Mehrwert über Wissen, Unterhaltung oder Inspiration erreicht wird, spielt dabei keine Rolle. Allerdings sollte es zu deinem Bereich passen.

Es gibt nichts schlimmeres, als in der falschen Sache gut zu werden. Ähnlich ist es mit deiner Zielgruppe. Wenn du bei der falschen Zielgruppe bekannt wirst, dann hast du deine Zeit und Energie verschwendet. Versteh mich nicht falsch, es ist nie verkehrt, über seine Zielgruppe hinaus bekannt zu werden, allerdings sollte deine Zielgruppe immer die Priorität Nummer eins sein. Damit du deinen Bekanntheitsgrad erhöhst, musst du dafür zeitgerechte Medien benutzen. Im 21. Jahrhundert leben wir sehr schnell und daran müssen auch die Medien angepasst sein. Immer weniger Menschen schauen Fernsehen und auch die Youtube Aufrufe sinken langsam.

Baue dir ein Profil in sozialen Medien wie Facebook und Instagram auf, auch in aktuell häufiger genutzten Medien wie LinkedIn und Xing. Ziehe die erfolgreichsten Menschen deiner Branche zur Seite und führe Interviews, die du dann als Podcasts hochlädst. Geld folgt der Aufmerksamkeit. Lenke die Aufmerksamkeit der Menschen auf dich und es wird dir leichter fallen, Geld in deinem Leben zu haben. Wie genau du dir erfolgreich ein Social-Media-Profil aufbaust, ist allerdings ein Thema für ein anderes Buch. Diese Schritte ergänzen sich gegenseitig und deswegen solltest du sie auch alle benutzen und darauf zurückgreifen. Je effektiver du die einzelnen Schritte ausführst, desto erfolgreicher wird deine Positionierung verlaufen.

## Interaktion

Der nächste Schritt im Verkaufsprozess ist, den potenziellen Kunden anzusprechen und mit ihm zu interagieren. Dabei qualifizierst du deinen Prospekt, gehst also auf seine Bedürfnisse, sein Budget und die Dringlichkeit ein und findest heraus, ob du es mit dem Entscheidungsträger zu tun hast. Dazu musst du nicht direkt mit deinem Prospekt reden, sondern kannst das über Marketing in jeglicher Form machen. Wenn du am Ende des Verkaufsprozesses ein größeres Produkt verkaufen willst, dann kann in diesem Schritt auch der Kauf von einem kleineren Produkt als Qualifizierung dienen. Dafür werde ich dir gleich noch ein Beispiel geben.

## Interesse wecken

Als nächstes musst du bei deinem potenziellen Kunden Interesse wecken. Das machst du, indem du einen Mehrwert demonstrierst. Hierfür kannst du unterschiedlichste Methoden nutzen. Wenn du eine Dienstleistung verkaufst, dann kannst du mit einem Social-Media-Profil Teile deiner Dienstleistung zeigen, so dass der Kunde den Mehrwert erkennt und vielleicht Teile davon benutzen kann, um sein Leben zu verbessern. Du könntest positive Kundenmeinungen vorzeigen, deine eigenen Erfolge verdeutlichen, eine Probe von deinem Produkt oder deiner Dienstleistung anbieten oder ihm den genauen Plan erklären. Die Liste ist endlos. Du musst diesen Schritt nur an dein Produkt oder deine Dienstleistung und an deine Verkaufsstrategie anpassen.

## Closing

Wenn du deinen Prospekt qualifiziert und Interesse geweckt hast, willst du einen potenziellen Kunden in einen deiner Kunden umwandeln. Dazu brauchst du eine Zusage des Kunden und die Verpflichtung zum Kauf. Aus deiner Sicht ist das die Verhandlung und den Kunden zu closen, also ihn dazu zu bringen, den Vertrag abzuschließen. Worauf es dabei ankommt und welche Strategien du dabei benutzen kannst oder solltest, wird das Thema dieses Buches. Dieses Buch beschäftigt sich mit allen Aspekten, die für ein erfolgreiches Closing notwendig sind und damit, wie du deinen persönlichen Erfolg im Closing verbessern und konstant halten kannst.

## Eine positive Erfahrung für den Kunden

Der letzte Schritt ist die Erfahrung für den Kunden. Dieser Schritt wird von vielen vernachlässigt, ist aber mindestens genauso wichtig wie alle anderen und entscheidet über deine zukünftigen Erfolge und Verträge. Logisch, denn unzufriedene Kunden werden nicht wieder von dir kaufen und dich auch nicht weiterempfehlen. Wenn dein Kunde hingegen begeistert von deinem Produkt oder deinem Service ist, dann wird er wahrscheinlich wieder Geschäfte mit dir machen und dich eventuell an andere weiterempfehlen. Das heißt für dich, dass du diesen Schritt auf keinen Fall vernachlässigen solltest. Kümmere dich um deine Kunden, sorge für ihre Zufriedenheit und halte die Versprechen deines Produktes oder deines Services. So werden sie wieder zu dir kommen und du legst die Grundlage für deinen Erfolg.

Lass mich dir dazu zwei Beispiele geben. Wir gehen für beide Beispiele davon aus, dass du Nahrungsergänzungsmittel verkaufst, die für eine bessere Gesundheit des Konsumenten sorgen sollen.

Um dein Nahrungsergänzungsmittel zu verkaufen, betreibst du Recherche und fragst in den lokalen Fitnessstudios nach, ob sie dir einen Bestand abkaufen. Dazu suchst du die Telefonnummer heraus und rufst das Fitnessstudio an. Mit dem Anruf machst du auf dich aufmerksam und darauf, dass dein Produkt existiert. Du erreichst also Aufmerksamkeit bei deinen potenziellen Kunden. Jetzt findest du im Verlauf des Gespräches heraus, ob das Fitnessstudio bereits ähnliche Produkte verkauft oder ob deine die ersten wären. Außerdem achtest du darauf, ob sie dein Produkt benötigen, genügend Geld dafür hätten und ob du mit dem Entscheidungsträger redest. Wenn dann alle Punkte erfüllt sind und dein Prospekt Interesse zeigt, demonstrierst du den Mehrwert deines Produktes, zum Beispiel durch Studien etc. Um dann den Kunden zu closen und als dauerhaften Kunden zu gewinnen, kannst du die Informationen in diesem Buch benutzen. Als letzten Schritt muss das Fitnessstudio schließlich zufrieden mit deinen Nahrungsergänzungsmitteln sein und sie werden dauerhaft bei dir einkaufen.

Angenommen du beherzigst die Ratschläge, die ich dir in diesem Buch mitgebe und schreibst selbst ein Buch, um dich zu positionieren. Weil du nach wie vor Nahrungsergänzungsmittel verkaufen willst, schreibst du das Buch über die Auswirkungen von Vitaminmangel und warum es in der heutigen Zeit schwer ist, genügend Vitamine über die Nahrung zu sich zu nehmen. Durch dieses Buch lenkst du die Aufmerksamkeit der potenziellen Kunden auf dich. Mit dem Ziel deine Nahrungsergänzungsmittel zu verkaufen, dient das Buch als zweiter Schritt im Verkaufsprozess, um also mit deinem idealen Kunden zu interagieren. Wenn jemand dein Buch kauft, entfachst du in ihm das Bedürfnis, etwas gegen diesen Vitaminmangel zu unternehmen, erzeugst Dringlichkeit dazu und hast es in diesem Fall auch meistens mit dem Entscheidungsträger zu tun, da es sich dann um Privatkunden handelt.

Im Idealfall sollte dein Buch dann auf dein Produkt aufmerksam machen und so Interesse in deinem Kunden wecken. Wenn du eine Internetseite hast, über die du dein Produkt vertreibst, dann wird der Kunde durch sein Interesse auf diese Seite geleitet. Dort wird ihm, zum Beispiel durch zufriedene Kunden, der Mehrwert demonstriert. An dieser Stelle sei gesagt, dass ein Internetauftritt keine Neuheit mehr darstellt und du dich von der Masse abheben musst. Allerdings soll ein erfolgreicher Internetauftritt nicht Thema dieses Buches werden, sondern erfolgreiches Closing. Hierzu könntest du einen Telefonkontakt angeben oder durch einen „Jetzt kaufen" Knopf zum Kauf anregen. Im letzten Schritt muss der Kunde selbstverständlich wieder mit deinem Produkt zufrieden sein.

## Die richtige Einstellung

Wie bereits erwähnt, wird dieses Buch vom Closing handeln und davon, wie du ideale Voraussetzungen schaffst. Du solltest von dem Produkt überzeugt sein und keine Vorbehalte haben. Das ist die Grundvoraussetzung dafür, effektiv und mit gutem Gewissen verkaufen zu können.

Dafür ist es wichtig, eine Sache zu verstehen und zu verinnerlichen. Ohne einen abgeschlossenen Vertrag oder eine Zustimmung des Kunden verdienst du kein Geld. Ohne einen Vertrag kommt kein Austausch zustande und ohne einen Austausch kann der Kunde die Vorteile deines Produktes nicht nutzen. Wenn du wirklich von deinem Produkt überzeugt bist, dann verlierst nicht nur du den Verkauf, sondern du hilfst dem Kunden auch nicht. Wenn du wirklich von deinem Produkt überzeugt bist, dann ist es das Beste für alle, wenn du es verkaufst und dementsprechend verlieren alle, wenn du den Kunden nicht zum Kauf bewegst. Du verlierst, weil du kein Geld verdienst, dein Kunde verliert, weil er sein Problem nicht löst und sogar die Wirtschaft verliert, weil sie durch Verkäufe am Leben gehalten wird. Mit einem Produkt, was die Probleme deiner Kunden lösen kann, ist es deine Verantwortung, diese Probleme zu lösen, also dein Produkt zu verkaufen.

Erfindest du Ausreden, warum der Kunde dein Produkt nicht gekauft hat und sagst, dass es die Schuld des Kunden, der Wirtschaft oder der Umstände ist? Übernimmst du nicht selbst die Verantwortung dafür, dann solltest du lieber sagen, dass es dir nicht wichtig genug ist, die Probleme der Menschen zu lösen und so ihr Leben zu verbessern. Übernimm die Verantwortung für deine Ergebnisse, denn es ist immer die Schuld des Closers, wenn er den Vertrag nicht abschließt. Natürlich sind alle Punkte vor dem Abschluss eines Vertrages, dem Close, ebenso wichtig, aber ohne den Close wird keinem geholfen.

Die Verbindung zum Käufer, deine positive Ausstrahlung und die Bedürfnisse des Kunden herauszufinden, ist ohne Zweifel wichtig und auch eine notwendige Voraussetzung für den Close. Allerdings verändern deine Beratung oder deine Freundlichkeit das Leben des Kunden nicht. Was sein Leben verändern und verbessern kann, ist dein Produkt. Übernimm die Verantwortung und mache alles Notwendige und ethisch Vertretbare, um den Kunden zu closen und so euch beiden zu helfen. Wie du das schaffst, erfährst du in diesem Buch. Dieses Buch ist nicht dazu gedacht, Manipulation in irgendeiner Form zu unterstützen oder zu erreichen, sondern nur, um allen Beteiligten zu helfen. Mit diesem Wissen kannst du jetzt das Buch weiterlesen und lernen, wie du deine finanzielle Zukunft verbessern kannst.

# TEIL II

# Den Kunden verstehen

# 2

# Die Grundlagen

*Man erreicht die höchsten Stufen einer Disziplin nicht,*
*ohne die Grundlagen zu bewältigen.*
*~Daniel Cormier*

Closing ist eine Kunst. Die Kunst potenzielle Kunden zu lenken und zu dem Ergebnis zu führen, was du dir wünschst. Um diese Kunst zu erlernen, musst du zunächst die Grundlagen verinnerlichen und verstehen, wie deine Kunden denken und warum Menschen etwas kaufen. Dieses Kapitel beschäftigt sich mit diesen Grundlagen und du lernst, wie einfache Techniken höhere Verkaufszahlen erzielen können. Lass dich von dem Begriff „Grundlagen" nicht täuschen, denn sie sind das wichtigste und ohne ein Verständnis für sie werden die besten Techniken keinen Erfolg nach sich ziehen.

## Worauf kommt es an?

Es sind viele Faktoren dafür verantwortlich, ob ein potenzieller Kunde zu einem aktiven Kunden wird. Doch die mit Abstand wirkungsvollste Methode ist ebenso einfach wie effektiv. Stelle Fragen! Das hört sich erstmal sehr einfach an. Der Punkt ist, nicht ständig selbst zu reden, sondern den anderen sprechen zu lassen. Je weniger du redest, desto mehr wirst du erreichen. Derjenige, der die Fragen stellt, hat die Kontrolle über das Gespräch. Wenn du Fragen stellst, führst du das Gespräch. Denke dazu an einen Reporter. Der Reporter stellt nur Fragen und trotzdem hat er die Kontrolle, denn er bestimmt die Gesprächsthemen und der Befragte erzählt. Menschen haben den Drang, von ihren eigenen Bedürfnissen und Erfahrungen zu erzählen und genau diese Eigenschaft kannst du dir zunutze machen. Je weniger du sprichst, desto mehr wirst du erreichen.

An dieser Stelle unterscheidet sich das Closing von einem normalen Verkaufsgespräch. Verkäufer versuchen, den Kunden zu überreden und ihn mit Argumenten zu überzeugen. Doch genau dieses Verhalten ist kontraproduktiv. Wenn der Kunde argumentativ überrumpelt wird, fährt er seine Schutzschilde hoch und nimmt eine ablehnende Haltung ein. Closer lenken die Kunden durch Fragen und sorgen dafür, dass sich der Kunde selbst überzeugt.

Für ein erfolgreiches Closing ist es essenziell, das Folgende zu verstehen. Menschen lieben es zu kaufen, aber hassen es, wenn ihnen etwas verkauft wird. Erinnere dich dazu an das letzte Mal, als du etwas online bestellt hast. Du hattest Vorfreude, hast mitgefiebert, wann es ankommt und hast dir schon ausgemalt, was du machst, wenn dein Paket endlich da ist. Wenn du neue Klamotten bestellt hast, stellst du dir vor, wie gut du in ihnen aussiehst. Bei Kopfhörern freust du dich, Musik mit ihnen zu hören oder du hast ein neues Buch bestellt und kannst gar nicht erwarten, es endlich zu lesen. Vielleicht hast du auch eine neue Sorte Eiweißpulver bestellt und freust dich schon, den Geschmack auszuprobieren. Vielleicht war es sogar bei diesem Buch so. In allen Fällen freust du dich über deinen Einkauf und verbindest positive Emotionen damit. Menschen lieben es, etwas zu kaufen.

Jetzt erinnere dich an das letzte Mal, als du in ein Bekleidungsgeschäft gegangen bist. Vielleicht hattest du die Absicht, etwas zu kaufen. Sobald du durch den Eingang gehst, kommt dir eine Verkäuferin entgegen und fragt dich, ob sie dir helfen kann. In diesem Moment passiert etwas Seltsames. Obwohl du die Absicht hast, etwas zu kaufen, verfällst du in eine Verteidigungsposition. Du sagst Sätze wie „nein danke, ich möchte nur mal gucken" und vermeidest ein weiteres Gespräch. Wir haben Angst, dass uns etwas verkauft wird, was wir eigentlich nicht wollten. Oft werden sogar negative Assoziationen mit Verkäufern in Verbindung gebracht. Wir möchten nicht, dass andere unsere Entscheidungen beeinflussen. Menschen hassen es, wenn ihnen etwas verkauft wird. Dein Kunde darf also nicht das Gefühl haben, dass du ihm etwas verkaufen willst. Je weniger du sprichst, desto mehr wirst du erreichen.

Wenn der Kunde das Gefühl hat, dass du ihm etwas verkaufen willst, wird er in eine Schutzhaltung verfallen und negative Emotionen damit verbinden. Dadurch sinkt die Wahrscheinlichkeit, den Kunden zu closen, drastisch. Das führt uns direkt zur wichtigsten Erkenntnis der Verkaufspsychologie. Menschen kaufen aufgrund von Emotionen und rechtfertigen es mit Logik. Um diese Emotionen zu erkennen, musst du lernen zuzuhören. Du kannst die Menschen nicht mit Fragen lenken, wenn du nicht erkennst, auf was sie anspringen und was in ihnen Emotionen hervorruft.

Lerne, dir jedes wichtige Detail einzuprägen, damit du es später verwenden kannst. Höre genau zu, wie dein Prospekt spricht und benutze später seine Worte. Wenn ein Kunde betont, dass er sein Einkommen erhöhen will, dann benutze das Wort „Einkommen". Wenn er sagt, dass er mehr Geld verdienen möchte, dann sage ihm „um mehr Geld zu verdienen...". Merke dir genau, welche Wörter er für einen bestimmten Zusammenhang benutzt und baue genau diese Wörter in deine Fragen und deine Präsentation mit ein. Gehe auf seine Ziele und Träume ein. So wirkst du sofort sympathischer, deine Kunden fühlen sich zu dir hingezogen und sie vertrauen dir. Wenn du nicht zuhörst, erfährst du nicht, auf welche Dinge du eingehen musst und was für den Kunden wichtig ist. Weil etwas bei anderen gelingt, heißt das nicht, dass es bei deinem aktuellen Kunden genauso klappt. Jeder Mensch ist individuell und um herauszufinden, was bei ihm funktioniert, musst du zuhören und das Gehörte verwenden. Ich versichere dir, es wird wie Magie wirken.

## Warum kaufen Menschen nicht?

Auch wenn jeder Mensch unterschiedlich ist, gibt es doch einige Punkte, die bei vielen ähnliche Gefühle auslösen oder dieselbe Wirkung erzielen. Diese Punkte solltest du im Hinterkopf behalten, um auf sie einzugehen und sie erkennen zu können. Wir werden uns jetzt anschauen, aus welchen Gründen Menschen nicht kaufen oder was sie dazu antreibt, etwas zu kaufen und welche Wörter du benutzen kannst, die eine fast schon magische Wirkung auf Kunden haben. Die Gründe, warum Menschen nicht kaufen, sind folgende:

- Kein Bedarf
- Keine Dringlichkeit
- Kein Verlangen
- Kein Geld
- Kein Vertrauen

Die meisten Gründe dürften sich selbst erklären, ich werde sie dennoch einmal kurz ausführen. Rollen wir dazu die Liste von hinten auf, denn wenn der Kunde kein Vertrauen hat, kann sich das auf zwei Dinge beziehen. Der Kunde kann mangelndes Vertrauen zu dir oder deinem Produkt haben. In diesem Fall hast du nicht genug Vertrauen geschaffen und deswegen ist er sich unsicher. Um das zu vermeiden, baue von Anfang an Vertrauen auf und höre ihm, wie schon zuvor erwähnt, zu und verwende das auch. Gehe auf seine Bedürfnisse ein und achte auch auf deine nonverbale Kommunikation. Diese wird im dritten Kapitel noch genauer erläutert und erklärt.

Es kann sein, dass der Kunde zwar Vertrauen in dich und dein Produkt hat, aber kein oder mangelndes Vertrauen in sich selbst. Er wird dir in den seltensten Fällen verraten, was der Grund ist. Wie du hierauf eingehen kannst, erfährst du genauer im Kapitel Einwandbehandlung.

Lass mich allerdings zwei Sachen vorwegnehmen und nur kurz darauf eingehen. In dieser Situation musst du den Kunden an die Hand nehmen und ihn führen. Er braucht Unterstützung und indem du ihm diese versicherst, kannst du seine Entscheidung vereinfachen.

Versetze den Kunden zusätzlich in eine positive Stimmung über ihn selbst und lasse ihn seine Talente und Fähigkeiten erkennen, die ihn für den Erfolg qualifizieren. Dabei ist es wichtig, dass du ihm Fragen stellst, die ihn dorthin lenken, damit er es selbst erkennt. Machst du das nicht und versuchst ihm nur seine Fähigkeiten aufzuzählen, kann er schnell wieder den Eindruck gewinnen, dass du ihm etwas aufschwatzen möchtest und du verlierst den Kunden.

Auf den Einwand, kein Geld zu haben, werde ich später im Kapitel Einwandbehandlung eingehen. Allgemein lässt sich aber sagen, dass der Grund meistens ein Vorwand ist, weil die anderen Punkte nicht erfüllt wurden. Wenn der Kunde einen Bedarf an deinem Produkt hat, das Verlangen danach, die Dringlichkeit merkt und auch genug Vertrauen in dich und sich hat, dann spielt das Geld keine Rolle. Um alle Punkte von Beginn an abzudecken und dem Kunden so alles zu geben, was er für eine Entscheidungsfindung benötigt, ist es am einfachsten, die Geschäftspräsentation oder die Präsentation deines Produkts von hinten aufzurollen. Dazu musst du, wie oben bereits erwähnt, zuhören und auf die Punkte eingehen, die ihn interessieren.

Ein Beispiel: du verkaufst Finanzdienstleistungen und hilfst dem Kunden, Geld zu sparen. Höre dem Kunden zu und erkenne, was seine Ziele und Träume sind. Daran passt du deine Präsentation an. Wenn er gerne mehr Freizeit mit seiner Familie hätte, dann gehe darauf ein. Lasse ihn sich vorstellen, wie er mit dem gesparten Geld mit seiner Familie in den Urlaub fahren kann. Dadurch löst du in ihm das Verlangen aus, Geld zu sparen, damit er sich dieses Ziel leisten kann. Mache ihm klar, dass er es braucht und mache ihm zusätzlich die Dringlichkeit bewusst. Erzähle ihm beispielsweise von deiner Tochter, die jetzt studiert und wie schnell die Zeit vergeht und man dann nicht mehr die Möglichkeit hat, so viel Zeit mit ihr zu verbringen. Er kann sich dann damit identifizieren und du löst in ihm das Gefühl aus, dass es dringend notwendig ist. Gehe kurz auf deine Verlässlichkeit oder die deiner Firma ein. Frage ihn, ob er mehr Zeit mit seiner Familie verbringen möchte und wie du ihm dabei helfen kannst.

Nachdem du Verlangen, Bedarf und Dringlichkeit in ihm hervorgerufen und ihm das nötige Vertrauen gegeben hast, biete ihm deine Leistung als Lösung für seine Probleme. Verkaufe immer die Transformation und nicht das Produkt oder die Dienstleistung. Betrachte zuerst das Ziel deiner Präsentation oder des Gesprächs und baue es danach auf. Dazu musst du ihm den Bedarf aufzeigen, sein Verlangen wecken und eine Dringlichkeit zum Handeln erzeugen. Erschaffe Vertrauen und biete dein Produkt als Lösung an.

Menschen kaufen aufgrund von Emotionen und rechtfertigen es mit Logik. Aus diesem Grund ist es so wichtig, die Transformation zu verkaufen und nicht das Produkt. Wenn du ihm die Transformation und die positiven Auswirkungen auf sein Leben verkaufst, verbindet er Emotionen damit. Wenn du allerdings nur das Produkt verkaufst, wird der Kunde es rational betrachten und du bist darauf angewiesen, dass er selbst Emotionen entwickelt, die ihn zum Kaufen veranlassen.

Dein Ziel ist es immer, Emotionen und so wenig rationales Denken wie möglich hervorzurufen. Weil Menschen aufgrund von Gefühlen kaufen, musst du dich darauf ausrichten. Wenn du es nicht tust, wird der Kunde, wie bereits erwähnt, nur das Produkt betrachten und ein rationales Urteil fällen. Das Ziel des Closings ist es, den Kunden geschickt zum Kauf zu lenken. Allerdings löst der Kunde bei einer rationalen Überlegung selbst Emotionen in sich aus und diese kannst du nicht lenken. Deshalb musst du immer die Emotionen des Kunden ansprechen.

## Wörter, die du benutzen solltest

Genauso, wie es Gründe gibt, weswegen Menschen nicht kaufen, gibt es überzeugende Wörter, welche die Gedanken des Kunden zum Teil kontrollieren und ihn in eine gewünschte Richtung lenken können. Benutze diese Wörter in deinen Verkaufsgesprächen, um eine bessere Chance auf Erfolg zu haben und in deinem Kunden Interesse hervorzurufen. Diese Wörter sind:

- Du / Sie (Abhängig von deinem Ansprechpartner)
- Kostenlos
- Neu
- Jetzt
- Geheimnis

## Du/ Sie

Warum sind die Wörter „Du" oder „Sie" so kraftvoll? Menschen neigen dazu, sich die Fragen „Was habe ich davon?" und „Was springt für mich dabei raus?" zu stellen. Wir sind manchmal sehr egoistisch und fragen uns, warum wir überhaupt zuhören sollten, warum es wichtig ist oder warum wir überhaupt die Zeit für etwas aufwenden sollen. Was habe ich davon? Wenn du deinen potenziellen Kunden oder dein Gegenüber direkt ansprichst, signalisierst du ihm damit, dass es etwas für ihn ist und es wichtig ist, zuzuhören. Durch diese einfachen Wörter verbindet er das Angebot mit sich und hört interessierter zu, weil es um ihn und seine Möglichkeiten geht. Also benutzt du in deinen Gesprächen oder deinem Marketing oft die Wörter „Du" und „Sie"? Oder benutzt du oft „Ich" und „Meine Firma" oder ähnliches? Sprichst du dein Gegenüber an? Wenn nicht, solltest du das ändern und die psychologischen Auswirkungen dieser Wörter für dich nutzen.

## Kostenlos

Lass mich dir eine Frage stellen. Warum denkst du, sind Webinare im Online Marketing so erfolgreich? Wir lieben kostenlose Dinge und lassen uns dadurch anziehen. Bestimmt hast du schon einmal im Supermarkt gesehen, dass kostenlose Probierhäppchen angeboten werden. Auf diese Weise werden die Kunden animiert es auszuprobieren und für den Fall, dass sie es mögen kaufen sie den Käse, welchen sie gerade gegessen haben und nicht irgendeinen anderen. Durch diese Taktik kannst du dich von deiner Konkurrenz abheben und das Vertrauen des Kunden gewinnen. Zusätzlich eliminierst du das Risiko für den Kunden, denn Menschen mögen kein Risiko.

Allerdings musst du das Wort „kostenlos" sparsam benutzen, da du sonst dein Produkt entwertest. Biete deinen Kunden beispielsweise eine kostenlose Probe oder eine kostenlose Testmitgliedschaft an. Diese Technik kannst du bei Streamingdiensten wie Netflix und Maxdome beobachten. Wenn du für dein Produkt keine kostenlose Probe anbieten kannst, hast du die Möglichkeit, kostenlosen Content dazu zu erstellen oder eine Geld-zurück-Garantie anzubieten, um so das Risiko für den Kunden zu minimieren. Menschen hassen Risiko und wenn sich deine Kunden mit dem Angebot nicht sicher fühlen, ist es unwahrscheinlich, dass sie dein Produkt kaufen.

## Neu

Vielleicht kennst du es, wenn du dich bei einem Freund meldest und ihn fragst „Was gibt's Neues?". Wir wollen wissen, was neu ist und auf dem aktuellen Stand der Dinge sein. Wir wollen einfach nichts verpassen. Egal ob es die Nachrichten, Reality-Shows, der aktuelle Stand der

Wissenschaft, neue Zusätze für dein Hobby oder die Instagram Posts unserer Freunde sind, wir wollen wissen, was es Neues in der Welt gibt. Benutze das Wort „neu" in deinem Marketing oder in deinem Closing Gespräch, um die Aufmerksamkeit des Kunden zu gewinnen. Biete neue Services, neue Merkmale oder ein neues Update an. Unsere Gedanken folgen unserer Aufmerksamkeit. Durch dieses Wort kannst du die Aufmerksamkeit des Kunden auf dein Produkt lenken, also genau da hin, wo du sie haben willst.

## Jetzt

Das vierte Wort, welches du unbedingt benutzen solltest, ist „jetzt". Nichts verhindert Verkäufe mehr als Verzögerung. Wie erzeugst du ein Gefühl der Dringlichkeit? Wie bringst du deine Kunden dazu, jetzt zu handeln und nicht morgen oder nächste Woche? Das Wort an sich erzeugt ein Gefühl der Dringlichkeit. Wenn etwas jetzt gemacht werden muss, ist es wichtig. Diesen unterbewussten Gedankengang kannst du dir zunutze machen, indem du das Wort „jetzt" benutzt.

Wenn du etwas im Internet bestellst, siehst du immer einen „Jetzt kaufen", „Jetzt hier klicken" oder „Jetzt kostenpflichtig bestellen" Knopf. Diese Firmen machen das nicht aus Zufall, sondern weil dieses Wort die Klickrate deutlich erhöht. Wo kannst du „jetzt" in deinen Gesprächen, auf deiner Website, in deinen E-Mails oder deinen Social Media Posts benutzen? An der Stelle denken sich Menschen, dass sie jetzt handeln müssen. Integriere dieses Wort, um deine Kunden zum Handeln zu bewegen.

## Geheimnis

Lies den nächsten Abschnitt gründlich durch! Ich möchte dir ein Geheimnis verraten. Menschen wollen wissen, was das Geheimnis ist. Es ist schon fast eine Angst, etwas zu verpassen. Du hast bestimmt schon einmal „erzähl es mir, ich erzähl es auch keinem weiter" gehört oder sogar selbst gesagt. Menschen wollen Geheimnisse wissen. Es ist ein sehr kraftvolles Wort. Es liegt in der Natur des Menschen. Wir wollen wissen, was andere nicht wissen. Wir wollen den Zugang zu Informationen, die andere Menschen nicht haben. Bei einem persönlichen Gespräch oder am Telefon kannst du die Wirkung des Wortes noch weiter verbessern, indem du dabei deine Stimme senkst. Wenn du deine Stimme senkst, denkt dein Kunde automatisch, dass es wichtig ist. Indem du beides verbindest, hast du die ungeteilte Aufmerksamkeit des Kunden und er klebt dir förmlich an den Lippen!

Lass es mich demonstrieren und die fünf Wörter benutzen, um dich jetzt zu überzeugen.

Was ist, wenn es einen neuen Weg für dich gibt, zusätzlich Geld zu verdienen? Was würde es für dich bedeuten, mehr Freiheit in deinem Leben zu haben? Wenn du wissen willst, wie du mit Closing einen lukrativen Nebenverdienst aufbauen kannst, dann schreibe mir jetzt eine E-Mail an oliverfaatz@gmx.de. Ich werde meine Geheimnisse für Erfolg mit dir teilen, dir neue Strategien an die Hand geben und dir kostenlos zeigen, wie du unter meiner Anleitung mit Closing Geld verdienen kannst. Schreibe mir jetzt eine E-Mail, um eine neue Freiheit in deinem Leben zu erreichen.

Jetzt kennst du die Grundlagen und kannst schon heute damit beginnen, sie umzusetzen und mehr Kunden zu gewinnen. In den nächsten Kapiteln wird es genauer um Ausstrahlung, Kontrolle und den Umgang mit Vorbehalten gehen und du wirst erfahren, auf was es dabei ankommt und wie du es für dich nutzen kannst. Erinnere dich immer daran, dass die Grundlagen den Großteil deines Erfolgs bestimmen und der Rest eine Ergänzung ist.

# Teil III

# Verkaufsunab-
# hängige Faktoren

# 3

# Was Selbstbewusstsein und Ausstrahlung mit Closing zu tun haben

*Wir sind, was wir denken. Alles, was wir sind, entsteht aus unseren Gedanken. Mit unseren Gedanken formen wir die Welt*
*~Buddha*

Nonverbale Kommunikation macht den Großteil unserer Gespräche aus. Unsere Körperhaltung, Stimm- und Tonlage, Blickrichtung und vieles mehr zählen dazu. Diese Prozesse laufen bei den meisten Menschen unterbewusst ab, ohne dass sie es überhaupt bemerken. Im Gegenzug nehmen wir zum Beispiel die Körpersprache unseres Gegenübers unterbewusst war und interpretieren sie. Hast du schon einmal bei jemandem, der über seine Erfolge und Errungenschaften im Leben spricht, das Gefühl gehabt, dass er unglücklich ist? Wahrscheinlich hat er dir genau diese Unzufriedenheit über seine Körpersprache oder seine Tonlage signalisiert.

Wie wir jemanden wahrnehmen und welchen Eindruck wir von demjenigen haben, ist größtenteils von seiner nonverbalen Kommunikation abhängig. Verhaltenspsychologen fanden heraus, dass unsere Wirkung auf andere nur zu einem kleinen Prozentsatz (ca. 5-10%) von dem abhängig ist, was wir sagen. Wie willst du den gewünschten Eindruck bei deinem Gegenüber hinterlassen, wenn du den wichtigsten Teil der Kommunikation nicht bewusst wahrnimmst und gestaltest? Dieses Kapitel wird sich damit befassen, wie du dein Selbstbewusstsein verbesserst und dir eine positive Ausstrahlung aneignest, damit der Kunde sich wohl bei dir fühlt und du so die Grundvoraussetzungen für ein erfolgreiches Gespräch festsetzt. Auch wenn du bereits selbstbewusst im Umgang mit Kunden bist und allgemein in deinem Leben Selbstbewusstsein keins deiner Probleme ist, empfehle ich dir trotzdem, das Kapitel zu lesen. Vielleicht gibt es ein paar Ansätze, die du noch nicht kanntest oder es eröffnet dir einen neuen Blickwinkel.

## Was ist Selbstbewusstsein?

Bevor wir uns anschauen, wie du dein Selbstbewusstsein verbessern und auch ausstrahlen kannst, müssen wir uns zuerst anschauen, was Selbstbewusstsein ist und wie es entsteht. Selbstbewusstsein entsteht aus Selbstvertrauen. Selbstvertrauen wiederum ist die Eigenschaft, Vertrauen in seine eigenen Fähigkeiten zu haben. Der Glaube daran, dass man eine bestimmte Sache erreichen oder etwas verändern kann. Dabei spielt es keine Rolle, wie groß die Veränderung ist oder wie viel man erreichen will. Selbstvertrauen ist, wie der Name es schon sagt, das Vertrauen in sich selbst und seine Fähigkeiten. Aber lass mich dir eine Frage stellen. Kann jemand, der Vertrauen in sich und seine Fähigkeiten hat, diese aber noch nicht erlebt hat, dieses Gefühl überzeugend ausstrahlen? Selbstvertrauen beschränkt sich auf den Bezug zu sich selbst. Erst wenn jemand sein Selbstvertrauen nutzt und umsetzt, erreicht er echtes Selbstbewusstsein. Erst wenn du etwas erfolgreich machst und am eigenen Leib erkennst, dass es möglich ist, bist du dir dessen zu 100% sicher. Echtes Selbstbewusstsein entsteht aus der Umsetzung des Selbstvertrauens. Du wirst dir bewusst, dass es möglich ist. Du entwickelst ein Bewusstsein für deine Fähigkeiten und verstehst, dass es möglich ist. Diese Sicherheit strahlst du dann aus. Echtes Selbstvertrauen und die Sicherheit, dass du es kannst, resultieren in das Vertrauen, dass andere dasselbe schaffen können.

Diese Gewissheit nehmen die Menschen um dich herum wahr und fühlen sich in deiner Nähe sicher und zuversichtlich. Natürlich ist es nicht so einfach wie eben beschrieben und du wirst kein echtes Selbstvertrauen durch eine einzige Aktion erlangen. Mit jedem Handeln bilden sich neue Verbindungen zwischen Neuronen in deinem Gehirn und durch Wiederholung verstärken sich diese. Um ein neues Bewusstsein und die damit einhergehende Sicherheit im Handeln zu erreichen, musst du also nicht nur einmal etwas machen, sondern diese Aktion regelmäßig und erfolgreich wiederholen. Wie erlangst du echtes Selbstbewusstsein? Wie bereits gesagt, durch handeln und stetiges wiederholen.

## So kannst du an deinem Selbstbewusstsein arbeiten

Wenn du wirklich etwas verändern und echtes Selbstbewusstsein erreichen willst, musst du anfangen zu handeln. So weit, so gut. Diese Erkenntnis haben wahrscheinlich die meisten Menschen, die dieses Buch lesen, bereits hinter sich. Aber wie fange ich an zu handeln, wenn ich mich nicht traue? Die Antwort ist dieselbe, wie für alle anderen Veränderungen. Kleine Schritte führen dich zum Ziel. Natürlich sind kleine Schritte für jeden etwas anderes und vielleicht brauchst du keine kleinen Schritte mehr, weil du neue Herausforderungen suchst. In jedem Fall ist es wichtig, sich konstant voran zu bewegen. Um mit einer Veränderung zu beginnen, ist es leichter, kleine Schritte zu gehen, die dich näher an dein Ziel bringen. Kleine Schritte sind leichter zu gehen, einfacher in Angriff zu nehmen, kosten weniger Überwindung und geben dir trotzdem ein Erfolgserlebnis und die Motivation weiterzumachen. Fang mit kleinen Schritten an. Verpflichte dich dazu, etwas zu verändern und die dafür nötigen Faktoren umzusetzen. Halte an deiner Entscheidung fest und halte die Versprechen, die du dir selbst gibst.

Einer der wichtigsten Faktoren, um mehr Selbstbewusstsein zu entwickeln, ist die Fähigkeit, bewusste Entscheidungen zu treffen. Dazu musst du deine Situation objektiv betrachten, dein Ziel in dieser Situation festsetzen und dich dann bewusst dazu entscheiden, diesem Ziel nachzugehen. Führe dir die Konsequenzen vor Augen, was passiert, wenn du es nicht machst.

Nehmen wir an, du willst deine Gewohnheiten umstellen, weil du ein erfolgreiches Leben führen willst. Dazu willst du jeden Morgen kalt duschen, um deinen Kreislauf in Schwung zu bringen und um über deinen Schatten zu springen. Wie bereits gesagt, solltest du dabei mit kleinen Schritten anfangen und nicht von Anfang an komplett kalt duschen, weil sonst das Risiko höher ist, dass du kneifst oder es nicht durchziehst. Verpflichte dich selbst dazu, das kalte Duschen langsam zu einer Gewohnheit zu machen. Nachdem du normal geduscht hast, drehst du das Wasser kalt und bleibst nur kurz unter dem kalten Wasser stehen. Treffe dabei die bewusste Entscheidung, das Wasser kalt zu stellen und so an deinem Ziel zu arbeiten. Führe dir vor Augen, dass du, wenn du es nicht machst, langsam den Respekt vor dir selbst verlierst, deine Gewohnheiten abbrechen und du so nie deine Ziele erreichen wirst. Gegen das Versagen beim Erreichen deiner Ziele ist die kurze Kälte ein kleines Übel.

Verbinde so viel Schmerz mit der Untätigkeit, dass es unmöglich wird, nicht auf dein Ziel hinzuarbeiten. Menschen werden durch Schmerz und Freude motiviert und das solltest du dir zu Nutzen machen. Kurzfristige Freude wird oft über langfristige Erfüllung gestellt, aber das verhinderst du, indem du Emotionen mit deinem Handeln verbindest und aktiv entscheidest. Auf diese Weise trainierst du deine Gedanken darauf, bewusste Entscheidungen, die dich zu deinem Ziel führen, zu treffen. Dadurch, dass du diese bewussten Entscheidungen regelmäßig triffst, gewinnst du neues Selbstbewusstsein und es fällt dir leichter, schwere Entscheidungen zu treffen oder dich zu überwinden.

Der einfachste Weg zur Veränderung ist eine konstante Folge bewusster Entscheidungen, die zu einer neuen Gewohnheit in deinem Leben wird. Dabei bezieht sich das nicht nur auf dein Selbstvertrauen, sondern auf alle Bereiche deines Lebens. Da es in diesem Buch um das Closing gehen soll, ist dieses Kapitel auch vorrangig dazu gedacht, das Selbstbewusstsein im Gespräch mit dem Kunden zu steigern. Bisher habe ich dir allgemein beschrieben, wie du dein Selbstbewusstsein verbessern kannst. Um dir zu zeigen, wie diese kleinen Schritte aussehen können, werde ich im Folgenden an einem Beispiel einen Schritt für Schritt Plan ausarbeiten. Da ich nicht weiß, wo du stehst oder was dir schwerfällt und wobei du dich überwinden musst, werde ich den Plan von Anfang an aufstellen. Nehmen wir an, dass jemand sein Selbstbewusstsein in Gesprächen verbessern will, aber sich aktuell noch nicht dazu überwinden kann, mit fremden Menschen ein Gespräch zu führen. Nennen wir diesen jemand für dieses Beispiel Max.

Um schrittweise auf sein Ziel hinzuarbeiten, erstellt Max einen Plan, der ihm dabei helfen soll. Der Plan besteht aus drei übergeordneten Punkten:

1. Ansprechangst überwinden
2. Allgemeine Sicherheit im Gespräch
3. Sicherheit im Gespräch auf ein Kundengespräch übertragen

Max hat seinen Plan so aufgebaut, dass er sich bei jedem Punkt und jedem Tag konstant steigert. Dazu führt er alle nachfolgenden Aufgaben immer einmal, dann dreimal, fünfmal, zehnmal und fünfzehnmal aus und geht danach zur nächsten Aufgabe. Er macht die erste Aufgabe also am ersten Tag einmal, am zweiten Tag dreimal, am dritten Tag fünfmal, am vierten Tag zehnmal und am fünften Tag fünfzehnmal. Nachdem er mit einem Zyklus durch ist, geht er zur nächsten Aufgabe und fängt wieder bei Tag eins an. Max zerlegt jeden Überpunkt in so kleine Schritte, dass er sich zu den einzelnen Aufgaben nur minimal überwinden muss. Dabei denkt er sich Aufgaben aus, die aufeinander aufgebaut sind und die er jeden Tag konstant öfter machen wird. Diese Übungen könnten folgendermaßen aussehen:

1) Kassiererin einen schönen Tag wünschen
2) Menschen nach dem Weg fragen
3) Menschen nach dem Weg fragen und ihnen danach ein Kompliment machen
4) Menschen nach ihrer Meinung oder nach einer Empfehlung fragen
5) Menschen ansprechen und ihnen erzählen, was du machst
6) Gespräche führen und mit Fragen lenken
7) Gespräche führen und dabei auf ein Ziel hinarbeiten
8) Kundengespräche führen und dabei auf ein Ziel hinarbeiten

Am ersten Tag wünscht Max, wenn er etwas im Supermarkt einkauft, der Kassiererin einen schönen Tag. Es kostet ihn wenig Überwindung und durch die Wiederholung in den nächsten Tagen, gewöhnt er sich langsam daran. Nachdem er es am fünften Tag fünfzehnmal wiederholt hat, geht er zur nächsten Aufgabe und fragt einen Menschen auf der Straße nach dem Weg. Nach dem Weg zu fragen ist keine schwierige

Aufgabe und er hat immer einen Vorwand für das Gespräch, sodass er sich sicher fühlen kann. Nachdem er am fünften Tag fünfzehn Menschen nach dem Weg gefragt hat, fängt er wieder mit der nächsten Aufgabe an und macht sie am ersten Tag einmal, am zweiten Tag dreimal und so weiter. Durch die konstante Wiederholung gewöhnt er sich an die Aufgabe und der Schritt zur nächsten Aufgabe fällt ihm leichter.

Jetzt fängt Max damit an, Menschen nach dem Weg zu fragen und ihnen anschließend ein Kompliment zu machen. Dabei muss es kein großes Kompliment sein, sondern es reicht einfach zu sagen: „du hast übrigens coole Schuhe, wo hast du die gekauft?" und sich dann zu verabschieden. Am Anfang kann man dieses Kompliment durchaus im Voraus planen und dann mit der Zeit, wenn man sich sicherer fühlt, spontane Komplimente geben. Im nächsten Schritt fragt Max Menschen nach ihrer Meinung oder einer Empfehlung. Er kann nach Meinungen zu seinen Problemen, ihrer Ansicht zu politischen Situationen oder einfach einen anderen Kunden im Supermarkt nach einer Empfehlung für einen Tee fragen. Auch hier ist es wieder wichtig, sich langsam zu steigern und nach und nach die Komfortzone auszudehnen. Menschen mögen es über sich zu reden und schätzen es, wenn man nach ihrer Meinung fragt. Dadurch werden dir Menschen bei dieser Aufgabe auch positiv gegenübertreten. Ich frage dazu gerne nach der wichtigsten Sache, die mein Gesprächspartner bisher in seinem Leben gelernt hat. So kannst du nicht nur dein Selbstvertrauen verbessern, sondern hast zusätzlich die Möglichkeit, etwas zu lernen. Diese Frage bietet außerdem eine gute Grundlage für ein weiteres Gespräch.

Ab jetzt liegt der Fokus der Aufgaben darauf, sicherer in Gesprächen zu werden und sich damit wohl zu fühlen. Dazu ist es einfacher, einen Gesprächsrahmen zu haben, in dem man sich bewegt. In Schritt 5) des Plans fängst du langsam an, Gespräche zu führen und dich daran zu gewöhnen. Hierbei kannst du den Menschen, die du ansprichst, beispielsweise erzählen, dass du für deinen Beruf selbstbewusster im Umgang mit Kunden werden willst und dass du deswegen fremde Menschen ansprichst. Frage sie, ob sie dabei Tipps für dich haben oder was sie machen und verabschiede dich nach einer Weile.

Zu fragen, ob sie Tipps für dich haben, kannst du auch für den nächsten Schritt benutzen, um das Gespräch zu lenken. Stelle Fragen und gehe auf die Antworten ein. Lasse deinen Gesprächspartner die meiste Zeit reden. Dadurch kannst du die optimale Grundlage für kommende Kundengespräche legen. Wenn du mit diesen Schritten fertig bist, fängst du damit an, Menschen anzusprechen und dabei ein Ziel zu verfolgen. Dieses Ziel kann beispielsweise der Gewinn von neuen potenziellen Kunden oder Mitarbeitern sein. Lenke, wie im vorherigen Schritt auch, das Gespräch mit Fragen und versuche zu erkennen, ob dein Gegenüber Interesse an deinem Produkt oder deiner Dienstleistung haben könnte. Tauscht Kontaktinformationen aus, macht ein Treffen aus oder gib ihm deine Visitenkarte. Wenn du alle Aufgaben erfolgreich abgeschlossen hast, kannst du diese Sicherheit im Gespräch auf Kundengespräche übertragen und darin deine Fähigkeiten weiter verbessern. Natürlich musst du hier auch weiterhin üben, um besser zu werden und dein Selbstvertrauen auszubauen.

Damit du deine Erfolge nachvollziehen und kontrollieren kannst, ist es empfehlenswert, eine Tabelle anzulegen. In dieser Tabelle sollten der Tag, die Aufgabe und die angestrebten Wiederholungen stehen. Es ist dabei extrem wichtig, dass du ehrlich zu dir selbst bist und nicht schummelst. Schließe die Aufgaben jeden Tag ab und rufe dir die Konsequenzen ins Bewusstsein, was passiert, wenn du es nicht machst. Streiche nach jedem Tag, an dem du alle Aufgaben erfüllt hast, den Tag durch. So hast du nicht nur einen Überblick darüber, was du schon geschafft hast, sondern entwickelst gleichzeitig die Motivation, weiter zu machen. Du kannst dafür die nachfolgende Tabelle nutzen, aber auch deine eigene Tabelle zeichnen. Wichtig ist dabei nur, dass du mit der Tabelle täglich deinen Fortschritt kontrollierst.

| Tag | 1 | 2 | 3 | 4 | 5 |
|---|---|---|---|---|---|
| Aufgabe | 1) | 1) | 1) | 1) | 1) |
| Wiederholungen | 1 | 3 | 5 | 10 | 15 |

## Deine Ausstrahlung beeinflusst deinen Kunden

Es gibt Faktoren, die dein selbstbewusstes Auftreten unterstreichen, ohne dass sie im Zusammenhang zu deiner Sicherheit in Gesprächen stehen. Erinnere dich dazu an deine Schulzeit zurück. Es gab immer den einen Jungen oder das eine Mädchen, was schüchtern war und auch sonst eher weniger im sozialen Mittelpunkt stand. Aber sie sind aufgeblüht, wenn sie ein Referat gehalten haben und hatten auf einmal eine ganz andere Ausstrahlung.

Dasselbe Phänomen kannst du bei „Nerds" beobachten. Sie sind zwar generell eher schüchtern und zurückhaltend, aber wenn sie über etwas sprechen, was sie begeistert, kannst du sehen, wie sie darin aufgehen und dabei Selbstbewusstsein ausstrahlen. Also was führt zu dieser Ausstrahlung? Es sind nicht ihre rhetorischen Fähigkeiten oder die Sicherheit im Gespräch, denn wenn sie aktiv darüber nachdenken, was sie machen, würden sie wieder zurückhaltend und schüchtern reagieren. Es ist die ehrliche Begeisterung für das Thema, über das sie reden und die damit einhergehende Authentizität.

Wenn du nicht ehrlich bist und nicht hinter dem Produkt stehst, was du verkaufst oder nicht überzeugt davon bist, dann untergräbt das deine Authentizität. Deine Kunden merken diese Ausstrahlung und kaufen weniger bei dir oder lassen es ganz. Du kannst zwar versuchen, mit deinen Worten und deiner Rhetorik zu überzeugen, aber der größte Teil menschlicher Kommunikation findet nonverbal statt. Sei ehrlich und authentisch und deine Kunden werden diese Eigenschaften wahrnehmen und sich bei dir gut aufgehoben fühlen. Stehe hinter dem Produkt oder der Dienstleistung, die du anbietest. Denke daran, dass du nichts verkaufen, sondern deinem Kunden helfen willst.

In einem Gespräch sind positive Eigenschaften und die Ausstrahlung des anderen ansteckend. Wenn unser Gesprächspartner freundlich ist, sind wir es auch, wenn er ruhig ist, fühlen wir uns sicher und wenn er uns anlächelt, ist es wahrscheinlicher, dass wir ihm vertrauen. Wie kannst du einen positiven Eindruck auf deinen Kunden machen? Und worauf kommt es an, wenn du eine positive Ausstrahlung haben willst? Der Punkt, den du am leichtesten beeinflussen kannst, ist zu lächeln. Lächele unabhängig von der Situation und egal ob du deinem Kunden zustimmst, ein Angebot machst, wiedersprichst oder dir Ablehnung und Einwände entgegengebracht werden. Lächeln ist überzeugend und wenn du, obwohl dir dein Kunde negativ entgegentritt, trotzdem lächelst, wird ihn das beeindrucken. Übe, in jedem Gespräch zu lächeln. Wenn du mit deinen Freunden, Bekannten oder Fremden sprichst, konzentriere dich darauf, in jeder Situation zu lächeln und du wirst einen Unterschied merken.

Sei immer freundlich und positiv. Freundlichkeit ist die Grundlage für jedes (erfolgreiche) Gespräch und ohne freundlich zu sein, wirst du nichts verkaufen. Bleibe immer positiv und freundlich und du wirst deinen Kunden oder deinen Gesprächspartner mitreißen. Vielleicht kennst du jemanden oder hast den einen Freund, der immer gut gelaunt ist. In seiner Gegenwart hat man keine andere Möglichkeit, als selbst gut gelaunt und positiv zu sein. Dasselbe gilt auch für den Umgang mit Kunden. Positivität ist ansteckend. Wenn dein Kunde schlecht gelaunt ist oder dir negativ entgegentritt, sei positiv und freundlich. Dadurch zeigst du, dass du Vertrauen in dich, dein Produkt und den Ausgang des Gesprächs hast. Früher oder später wird dein Gegenüber sich darauf einlassen, sich entspannen und auch positiv auf dich reagieren. Sei positiv und du erhältst positive Ergebnisse.

Die wohl am meisten geschätzte positive Eigenschaft ist Humor. Humor lässt Menschen sich gut fühlen und Spaß haben. Die Unterhaltungsbranche ist nicht umsonst die größte und erfolgreichste der ganzen Welt. Hollywood basiert auf Entertainment und Unterhaltung. Menschen geben Geld für Unterhaltung aus, weil sie sich gut fühlen wollen. Was passiert, wenn Menschen sich gut fühlen? Richtig, sie treffen leichter eine Entscheidung. Wenn sich dein Kunde gut fühlt und Spaß hat, wird er eher etwas kaufen, als wenn er ernst ist. Nutze Humor, um eine angespannte Situation zu entspannen, eine Entscheidung zu unterstützen und deinem Kunden ein gutes Gefühl zu geben. Du musst dabei allerdings aufpassen, dass du keinen Humor benutzt, der jemanden angreift. Ironie, Sarkasmus und schwarzen Humor solltest du in Kundengesprächen meiden, da sie leicht missverstanden werden können und du so dein eigentliches Ziel verfehlst. Natürlich solltest du auch nicht alles scherzhaft vermitteln und darauf achten, dass dich dein Gegenüber trotzdem ernst nimmt. Benutze Humor in einem angebrachten Ausmaß und du wirst damit Erfolge erzielen.

Denke an einen typischen Verkäufer, beispielsweise einen Versicherungsvertreter. Übermotiviert, redet viel, ist aufdringlich und überfreundlich. Dieses Bild lässt in den meisten Menschen Alarmglocken läuten. Was ist, wenn du es einfach mit dem Gegenteil versuchst? Sei in deinem Gespräch ruhig und bleibe es. Ruhe hat eine fast schon hypnotisierende Wirkung auf uns. Ruhe signalisiert uns Sicherheit. Sie stellt eine Abwechslung zum Alltag dar und wir ordnen ihr positive Attribute zu. Mit „ruhig" meine ich nicht, dass du nicht sprechen sollst, sondern vielmehr, dass du gelassen reagierst und zuversichtlich bleibst. Sorge dafür, dass du bei Closinggesprächen immer sitzt, da du so mehr Sicherheit und Ruhe ausstrahlst. Es ist wichtig, dass du deinem Kunden auch in schwierigen und unangenehmen Situationen ruhig entgegentrittst. So fühlt er sich bei dir sicher und kann dir vertrauen. Ruhe ist in unserer hektischen und gestressten Welt selten zu finden und steht daher für Frieden, Sicherheit und Entspannung und die Menschen fühlen sich zur Ruhe hingezogen. Wenn du also einen Pol der Ruhe darstellst, wirst du nicht nur selbst entspannter, sondern ziehst Menschen in deinen Bann.

Um den Effekt der Ruhe noch weiter auszubauen, halte Augenkontakt mit deinem Gegenüber. Die meisten Menschen schauen dir nicht oft in die Augen und wenn du es tust, wirkst du sofort besonders und hebst dich von der Masse ab. Probiere es aus. Wenn du das nächste Mal in ein Café gehst, schaue der Kellnerin beim Bestellen in die Augen. Halte bei Gesprächen Augenkontakt. Achte darauf, wo dein Gesprächspartner hinschaut. Ich wette mit dir, dass die wenigsten

Augenkontakt mit dir halten werden. Die Kombination aus Ruhe und Augenkontakt strahlt extreme Zuversicht aus und wirkt überzeugend auf deinen Gesprächspartner. Benutze beides in deinen Gesprächen und du wirst eine deutliche Veränderung merken.

# Teil IV

# Kontrolle

# 4

# So lenkst du ein Gespräch

*Man kann einem Menschen nichts lehren.*
*Man kann ihm nur helfen, es in sich selbst zu entdecken.*
*~Galileo Galilei*

Bisher hast du die Grundlagen und Voraussetzungen für ein positives Auftreten gelernt. Du weißt jetzt, was allgemein wichtig ist und hast damit deinen ersten Schritt zu einem erfolgreichen Closer gemacht. Jetzt werde ich genauer darauf eingehen, wie du dich in bestimmten Situationen verhältst, wie du ein Gespräch lenkst und dir dafür Beispiele und Anwendungsmöglichkeiten geben. Wie du bereits aus dem Kapitel über die Grundlagen weißt, ist es essenziell, Fragen zu stellen, um die Kontrolle über ein Gespräch zu haben und Informationen über deinen Gesprächspartner herauszufinden.

Rufe dir noch einmal ins Gedächtnis, dass du Geld verdienst, indem du ein Problem des Kunden löst. Dazu musst du allerdings zuerst wissen, was sein Problem ist und wie du es löst. Wenn du etwas verkaufen willst, muss logischerweise dein Produkt oder deine Dienstleistung die Lösung für das Problem sein und dazu kannst du das

Schmerz-Aspirin-Prinzip nutzen. Diese Taktik kommt, wie der Name schon sagt, von einem Schmerz (in diesem Fall Kopfschmerzen) und der damit verbundenen Lösung (das Aspirin gegen die Kopfschmerzen).

Niemand kauft ein Produkt, weil er es schön findet, sondern um ein Problem zu lösen. Wenn jemand keine Kopfschmerzen hat, dann wird er kein Aspirin kaufen. Man kann seine Schmerzen unterdrücken oder davon ablenken und das machen viele Menschen. Wenn du sie dann darauf aufmerksam machst, werden sie sich der Schmerzen bewusst und suchen nach einer Lösung. Im Fall der Kopfschmerzen ist diese Lösung das Aspirin, also geht der Kunde los, um Aspirin zu kaufen und seine Kopfschmerzen loszuwerden. Auf diese Art funktioniert das Prinzip und macht sich die Grundlagen der menschlichen Psyche zunutze. Dabei findest du das Problem des Kunden heraus und vergrößerst es, damit der Kunde sich dessen bewusst wird (Schmerz) und nach einer Lösung sucht. Jetzt bietest du ihm dein Produkt als Lösung für seinem Schmerz (Aspirin).

Gehen wir im Folgenden davon aus, dass du eine Social-Media-Agentur besitzt und deinen Kunden hilfst, über soziale Netzwerke Kunden zu gewinnen. Hier musst du deinem Kunden bewusst machen, wie viele potenzielle Kunden er verliert, wenn er deinen Service nicht beansprucht. Die meisten „klassischen" Unternehmen sind sich darüber kaum bewusst und würden deine Dienste, ohne das Wissen über ihren Verlust, nicht beanspruchen. Du musst zuerst ihre Aufmerksamkeit auf das Problem lenken und dann erklären, warum es so wichtig ist, dieses

Problem zu lösen (den Schmerz vergrößern). Jetzt kannst du ihnen deine Dienstleistung als Lösung für ihren Schmerz verkaufen, was vorher nicht möglich gewesen wäre. Damit diese Taktik funktioniert, musst du nicht nur den Schmerz vergrößern, sondern zuerst wissen, wie du diesen erkennst und den Kunden zu einem Punkt lenkst, an dem du es entweder selbst erkennst oder er es dir erzählt. Genau über diese Erkenntnis und wie du deine Kunden zu diesem Punkt lenken und leiten kannst, soll dieses Kapitel handeln.

## Erschaffe einen Rahmen

Damit du erfolgreich werden kannst, musst du deinen Fokus auf das Ziel richten. Das gilt für alle Aspekte des Lebens, aber hier wird es nur um erfolgreiche Gespräche gehen. Was ist ein erfolgreiches Gespräch? Die Antwort hängt ganz von deinem Ziel ab. Wenn es dein Ziel ist, nur eine Verbindung zum Kunden aufzubauen, dann ist ein erfolgreiches Gespräch schon damit erreicht, dass du den Kunden besser kennen lernst. Wenn das Ziel ist, einen Vertrag abzuschließen, dann wäre das Gespräch aus deiner Sicht noch nicht erfolgreich, wenn du den Kunden nur besser kennen lernst. Versteh mich nicht falsch, es ist immer wichtig zuerst eine Verbindung zum Kunden aufzubauen und es ist auch wichtig, seine Bedürfnisse und Probleme herauszufinden. Allerdings wäre das Gespräch nicht erfolgreich, wenn das Ziel des Gesprächs war, einen Vertrag abzuschließen. Dafür wirst du allerdings in den meisten Fällen mehrere Gespräche brauchen.

Wie kannst du jetzt den Verlauf des Gespräches beeinflussen, um dich nicht nur treiben zu lassen und dich danach über den Ausgang wundern? Der erste Schritt, um ein Gespräch zu lenken, ist sich über das Ziel bewusst zu werden. Welches Ziel verfolgst du mit dem Gespräch? Wann ist das Gespräch erfolgreich verlaufen? Wenn du den gewünschten Ausgang des Gespräches im Kopf hast, musst du dir als nächstes überlegen, wie du dahin kommst und dir dementsprechende Fragen überlegen. Rolle das Gespräch von hinten auf und habe dabei immer dein Ziel im Kopf, damit du deine Fragen und deine Präsentation darauf abstimmen kannst. Ohne Planung überlässt du den Verlauf des Gespräches dem Zufall und kannst so auch keine konstanten Ergebnisse erzielen. Dein Erfolg im Closing sollte planbar sein und nicht von Glück abhängen. Nachdem du dir Gedanken über dein Ziel gemacht hast, ist es sinnvoll, einen Rahmen zu erstellen, der zu diesem Ziel hinleitet. Ich werde dir jetzt ein paar Beispiele für Fragen geben, die sich gut dazu eignen, deinen Rahmen festzusetzen.

Was hat Sie/dich dazu motiviert, sich heute mit mir/uns zu treffen?

Mit dieser Frage kannst du direkt die Absichten des Kunden herausfinden und auch mögliche Probleme oder was ihn antreibt. So weißt du direkt, auf was du eingehen kannst und wie du mit diesem Kunden verfahren musst. Diese Frage eignet sich logischerweise nur für ein direktes Treffen und kann nicht am Telefon benutzt werden.

Was genau versuchen wir hier heute zu erreichen?

Diese Frage zielt auf ähnliche Absichten wie die erste ab, allerdings ist sie ein bisschen direkter. Sie eignet sich hauptsächlich für persönliche Gespräche, allerdings wäre es auch am Telefon denkbar. Hierbei musst du dann aber aufpassen, die Frage dementsprechend umzuformulieren.

> Wo sind Sie heute und wo möchten sie hinkommen/was wollen Sie erreichen (Karriere, Einkommen, Gesundheit etc.)?

Diese Frage eignet sich sehr gut, um nicht nur die Ausgangslage des Kunden herauszufinden, sondern auch seine Ziele und nimmt dir dementsprechend viel Arbeit ab. Sie ist eine meiner Favoriten. Hier musst du die Frage an dein Produkt oder deine Dienstleistung anpassen und den Kunden nach dem Stand, im Bezug auf das Problem, fragen, welches du lösen möchtest. Wenn du mit deiner Social-Media-Agentur deinen Kunden hilfst, ihren Umsatz zu erhöhen, dann fragst du nach dem finanziellen Stand und dem Ziel. Wenn du hingegen Produkte für eine bessere Gesundheit verkaufst, wie beispielsweise Nahrungsergänzungsmittel, dann beziehst du die Frage auf das gesundheitliche Ziel.

> Was scheint das Problem zu sein? Und wie lange haben Sie/hast du dieses Problem bereits?

Das könntest du auch beim Arzt hören. Durch diese Frage kommst du ohne Umschweife direkt zum Problem des Kunden oder zumindest zu dem Problem, welches er gelöst haben möchte. Deine Aufgabe ist es jetzt nur noch, dieses Problem mit deinem Produkt oder deiner Dienstleistung zu lösen und dementsprechend an sein Problem anzupassen. Erinnere dich dazu an das Schmerz-Aspirin-Prinzip. Hier musst du den Schmerz nicht erst erzeugen, sondern nur vergrößern und dann letztendlich dein Produkt als Lösung anbieten. Wenn der Kunde von allein über sein Problem redet, musst du meistens keine großen Anstrengungen unternehmen, ihm die Auswirkungen hiervon vor Augen zu führen. Die Frage eignet sich besonders, wenn du und dein Kunde in vorherigen Gesprächen bereits eine Verbindung und ein gewisses Maß an Vertrauen aufgebaut haben.

Wenn dieses Gespräch alles erreicht, was Sie sich wünschen könnten, wie würde das aussehen?

Mein absoluter Favorit. Du kannst mit dieser Frage die Ziele deines Gesprächspartners herausfinden, die Probleme heraushören und perfekt darauf eingehen und dein Gespräch oder deine Präsentation darauf aufbauen. Sie eignet sich ideal als Gesprächseinstieg und du legst schon von vorne herein einen Rahmen fest, mit dem Ziel, die Wünsche des Kunden zu erfüllen. Das macht dich nicht nur sympathisch, sondern den gesamten Gesprächsverlauf für dich besser planbar und dementsprechend einfacher zu lenken und das Ergebnis zu kontrollieren.

Die einzige Voraussetzung dafür ist, dass der Kunde zumindest eine grobe Vorstellung von deinem Produkt oder dem damit verbundenen Nutzen hat. Du kannst diese Frage auch in Kombination mit anderen Fragen benutzen und so ein noch besseres Verständnis für deinen Kunden gewinnen. Nachdem du diese Frage gestellt und dir die

Antwort des Kunden gut angehört hast, kannst du beispielsweise fragen, was das Problem zu sein scheint, dieses Ziel zu erreichen oder wo er sich aktuell befindet und wohin er will.

## Wichtige Informationen sammeln

Es gewinnt derjenige, der am nächsten am Kunden dran ist. Oder anders ausgedrückt, der Kunde wird bei demjenigen kaufen, zu dem er die beste Bindung hat. Deshalb ist es wichtig, eine gute Bindung zum Kunden aufzubauen und sich für ihn und seine Probleme zu interessieren. Wenn du dich mehr interessierst und kümmerst, wirst du mehr Verträge abschließen. Wenn du das Gespräch von hinten aufrollst, solltest du daher nicht nur dein Endziel im Kopf behalten, sondern auch Teilschritte als Unterziele definieren. Diese Teilschritte sind die Grundlage für den Abschluss eines erfolgreichen Gesprächs. Indem du dir anschaust, was du zum Erreichen deines Zieles brauchst, kannst du diese Unterziele herausfinden und auch erkennen, was nötig ist, um das Ziel zu erreichen. Im Fall von einem Verkaufsgespräch mit dem Ziel, einen Vertrag abzuschließen, musst du dich also fragen, was für Voraussetzungen erfüllt sein müssen, damit der Kunde bei dir kauft.

Neben der Lösung seines Problems ist dazu eine gute Verbindung zu dir und Vertrauen in dich und das Produkt notwendig. Deswegen solltest du in jedem Gespräch, bevor du dein Produkt oder deine Dienstleistung als Lösung verkaufst, mindestens drei Bedürfnisse des Kunden herausfinden. So kannst du nicht nur auf das Bedürfnis mit dem meisten Bezug zu deinem Produkt eingehen, sondern notfalls auch auf andere Bedürfnisse zurückgreifen und diese dann wieder mit deinem Produkt verbinden. Das hat den positiven Nebeneffekt, dass der Kunde dir immer mehr vertraut, weil er das Gefühl hat, dass du dich um seine Bedürfnisse kümmerst und auch wirklich an der Lösung seiner Probleme interessiert bist.

Zusätzlich solltest du im Verlauf des Gespräches mindestens drei Fähigkeiten oder Kompetenzen des Kunden herausfinden, die ihn entweder bei deinem Produkt oder deiner Dienstleistung unterstützen oder bei denen du ihm mit deinem Produkt helfen kannst. Bleiben wir beim Beispiel der Social-Media-Agentur. Wenn dein Kunde Bedenken hat, ob dein Service das Richtige für ihn und seine Firma ist, dann kannst du diesen Zweifel als Stärke auslegen. Sage ihm, dass du in seiner Sorge die Fähigkeit erkennst, sich gut um seine Firma zu kümmern und im besten Interesse der Firma zu handeln. Diese Fähigkeit würde ihm dabei helfen, die richtige Entscheidung zu treffen und mit deinem Service x neue Kunden zu generieren. Höre deinem Kunden immer aufmerksam zu, um diese Punkte (Bedürfnisse und Fähigkeiten) zu erkennen und im weiteren Verlauf des Gespräches darauf Bezug nehmen zu können. Achte auf deinen Kunden und passe dich seinen Bedürfnissen und Fähigkeiten an. Das ist ein Gewinn für beide Seiten, weil du die Wahrscheinlichkeit erhöhst, dass dein Kunde erneut bei dir kauft und der Kunde gut beraten wird. Mehr Interesse, mehr Umsatz. Einfach, aber effektiv.

## Mit Fragen lenken

Um ein Gespräch zu kontrollieren, stellst du entweder Fragen zum Sammeln von Informationen oder zum Lenken. Dabei versuchst du mit ersteren, wie gerade beschrieben, Fähigkeiten und Bedürfnisse des Kunden herauszufinden. Zusätzlich achtest du auf emotionale Reaktionen zu bestimmten Themen oder Formulierungen und hörst dir an, wie der Kunde spricht und benutzt dieselbe Art zu sprechen. Wenn du dich nicht mehr genau daran erinnern kannst, wie du dich dem Kunden dementsprechend anpasst, dann kannst du diesen Teil erneut im Kapitel über die Grundlagen nachlesen. Ziel dieser Fragen ist es, die emotionalen Punkte und Bedürfnisse herauszufinden, damit du auf diese eingehen und den Kunden damit in die gewünschte Richtung lenken kannst. Wie bereits erwähnt, löst das auch ein gutes Gefühl im Kunden aus, weil du dich um ihn kümmerst. Die Informationen, die du aus diesen Fragen entnimmst, baust du dann wieder in Fragen ein, die du zum gezielten Lenken des Gespräches benutzt.

Wie lenkst du mit Fragen? Es gibt mehrere Wege, um mit Fragen zu lenken, deswegen werde ich hier auf ein paar davon eingehen. Deine Fragen sollten zielorientiert sein, aber nicht zu aufdringlich. Das Ziel ist es, mit den Fragen den Kunden zum Nachdenken anzuregen und ihn selbst auf die Idee kommen zu lassen, dass der Kauf deines Produktes oder deiner Dienstleistung das Richtige ist. Wenn du etwas sagst, bedeutet es etwas für den Kunden, aber wenn er etwas sagt, bedeutet es alles für ihn. Was meine ich damit? Wir erschaffen uns im Laufe unseres Lebens unsere eigene Realität. Wie wir eine Situation beurteilen und einschätzen ist abhängig von unserer Erziehung, den äußeren Umständen, unseren Glaubenssätzen und noch vielem mehr. Jeder Mensch hat zu der gleichen Situation eine unterschiedliche Wahrnehmung und interpretiert sie dementsprechend anders.

Eine, objektiv betrachtet, neutrale Handlung kann in einem Menschen Gefühle von Trauer und in einem anderen Menschen Gefühle von Ekstase auslösen. Obwohl es sich um die gleiche Handlung oder die gleiche Situation handelt, reagiert jeder Mensch anders darauf. Lass mich dir ein Beispiel geben. Du bereitest drei Männern, die sich zur selben Zeit am selben Ort befinden, dasselbe Mittagessen zu. Der erste reagiert auf das Essen scheinbar unerklärlich traurig, der zweite ist extrem glücklich und der dritte reagiert neutral.

Warum? Der erste Mann wird durch das Essen an seine verstorbene Großmutter erinnert, weil sie dieses Essen immer gekocht hat. Die Folge daraus ist, dass er traurig wird. Der zweite Mann hatte seit einer Weile nichts mehr zu Essen und stand kurz vorm Verhungern. Das Essen hat ihm sein Leben gerettet und er ist sich dessen bewusst. Er ist glücklich, weil das Essen für ihn bedeutet, dass er weiterleben kann. Auch wenn du das Essen vielleicht ein bisschen versalzen oder anbrennen lassen hast, ist es wahrscheinlich das leckerste Essen der Welt für den zweiten Mann, weil er alle Emotionen des Lebens damit verbindet. Für den dritten Mann ist das Essen zur Routine geworden und er beachtet es nicht großartig weiter, sondern isst es einfach. Wenn der dritte Mann jetzt die anderen beiden fragen würde, warum sie sich denn so anstellen, es sei doch nur Essen, würden die beiden mit Unverständnis reagieren. In ihrer Realität ist es mehr als nur ein Essen, nämlich alle damit verbundenen Emotionen. Sie würden sich in ihrer Wahrnehmung höchstens ein bisschen beeinflussen lassen, aber nicht ihre Meinung komplett ändern, weil ein anderer eine andere Ansicht hat.

So würde der erste Mann vielleicht einsehen, dass seine Trauer nichts mit dem Essen zu tun hat, sondern mit seinen Erinnerungen. Allerdings würde ihn das nur wenig aufheitern. Der zweite Mann würde sich wahrscheinlich noch weniger von seiner Ansicht der Realität abbringen lassen, weil er noch stärkere Emotionen damit verbindet. Er würde sich durch die Aussage des dritten Mannes darüber bewusst werden, dass Essen für die meisten Menschen alltäglich ist, aber das würde seine Gefühle kaum beeinflussen.

Genauso ist es mit der Meinung der Menschen. Wir sind durch unsere äußeren Einflüsse und unsere Vergangenheit zu einer Meinung gekommen und diese Meinung vertreten wir. Wenn wir Informationen erhalten, dann verarbeiten wir diese und bewerten ihre Wirkung. Informationen erhalten erst einen Wert oder eine Bedeutung für uns, wenn wir sie interpretieren, bewusst oder unbewusst. Die Dinge, die du deinem Kunden sagst, lösen also bestimmte Emotionen in ihm aus, die du nicht kontrollieren kannst. Er entscheidet, wie er die Informationen verarbeitet, die du ihm gibst und zieht daraus dann seine Schlüsse. Dein Ziel sollte es also sein, deinen Gesprächspartner so mit Fragen zu lenken, dass er das Gefühl hat, es ist seine eigene Idee und seine eigene Entscheidung. Formuliere deine Fragen dazu möglichst so, dass sie nur einen Schluss zulassen und dein Gegenüber dementsprechend zu dem Schluss gelangt, den du erreichen möchtest. Weil du ihm eine Frage gestellt hast und er sie dir beantwortet, denkt dein Kunde, dass es seine Meinung ist und er aus freiem Willen gehandelt hat.

Obwohl deine Frage nur einen logischen Schluss zulässt, hat es eine positive Auswirkung auf die Einstellung deines Kunden. Ein Beispiel dafür wäre „Warum denken Sie/denkst du hat unsere/meine Firma so viele begeisterte Kunden?". Diese Frage lässt eigentlich nur einen Schluss zu, nämlich dass du oder deine Firma in dem, was ihr macht, gute Arbeit leistet und die Kunden erhalten, was sie erwartet haben und im Idealfall noch mehr. Indem dein Kunde dir dann sagt, dass deine Firma ihre Kunden zufrieden stellt, überzeugt er sich selbst und denkt, dass er zu diesem Ergebnis gekommen ist, obwohl er keine andere Möglichkeit hatte. Ein weiteres Beispiel wäre „Wie denken Sie, können wir diesen Preis rechtfertigen?". Die Antwort ist ähnlich zur ersten Frage und auch hier hat der Kunde nicht wirklich eine andere Möglichkeit als zu dem Schluss zu kommen, den du dir wünschst. Stelle die Fragen immer so, dass es nur eine logische Möglichkeit als Antwort gibt und du wirst merken, wie sich deine Verkäufe im Vergleich zu vorher erhöhen.

Wer fragt, führt. Das weißt du bereits aus dem Kapitel über die Grundlagen. Deswegen ist es so wichtig, dass du Fragen stellst, damit du die Kontrolle über das Gespräch hast. Aber was ist, wenn dein Kunde dir eine Frage stellt? Wenn du jetzt antwortest, wird er nachhaken und wieder Fragen stellen und du verlierst die Kontrolle über das Gespräch. Du verfällst dann in einen Modus der Rechtfertigung und bist nur noch in der Defensive und versuchst dich und dein Produkt zu verteidigen. Dass das nicht sonderlich überzeugend für den Kunden sein wird, brauch ich wohl nicht zu erwähnen. Wenn du jetzt versuchst, deinen Kunden nach einer Frage zu überzeugen und ihn mit Argumenten überschüttest, fällt er in eine Verteidigungshaltung und verschließt sich. Wenn du die Kontrolle über das Gespräch verlierst, wirst du in den meisten Fällen auch den Kunden verlieren.

Was kannst du also machen, damit du die Kontrolle und deinen Kunden behältst? Beantworte seine Frage nicht direkt, sondern beantworte Fragen mit Fragen. Hier ist es auch wieder wichtig, dass er sich dadurch die Frage selbst beantwortet und das möglichst positiv für dich. Wenn dich dein Kunde fragt „Funktioniert das Produkt überhaupt?", dann antworte mit einer Frage wie „Warum denken Sie haben wir so viele zufriedene Kunden?". Er wird sich die Frage selbst beantworten, zu einem positiven Schluss kommen und du behältst die Kontrolle über das Gespräch.

Wenn du willst, dass das Gespräch erfolgreich verläuft und du dein Ziel erreichst, dann musst du die Kontrolle behalten, indem du seine Fragen mit Fragen beantwortest, ohne der Frage dabei aus dem Weg zu gehen. Stelle keine Fragen, die nichts mit seiner Frage zu tun haben, denn sonst wird er sich nicht beachtet fühlen, das Vertrauen zu dir wird darunter leiden und er wird misstrauisch und so lange nachfragen, bis er eine Antwort bekommt. Dadurch verlierst du nicht nur die Kontrolle über das Gespräch, sondern auch die Grundlagen für den Kauf.

In den Grundlagen hast du bereits gelernt, auf welche Wörter Menschen positiv reagieren und dadurch mehr erfahren wollen. Diese Wörter sind: Du, kostenlos, neu, jetzt und Geheimnis. Wenn du dich nicht erinnern kannst, warum diese Wörter so einen Effekt haben oder wie du sie verwendest, dann gehe noch einmal zurück und lese es erneut. Jetzt wirst du erfahren, was die vier kraftvollsten und mächtigsten Wörter im Verkauf sind. Welche sind es? Ich weiß es nicht. Die vier kraftvollsten Wörter sind „ich weiß es nicht". Jetzt denkst du dir sicher, dass du deinem Kunden doch nicht sagen kannst, du weißt es nicht. Genau das ist der Punkt. Wenn dein Kunde dich etwas fragt, dann antworte mit „ich weiß es nicht".

Wir erwarten immer eine klare Antwort auf unsere Fragen und besonders in einem Verkaufsgespräch wird dein Gesprächspartner davon ausgehen, dass du ihn überzeugen willst. Wenn du allerdings nicht direkt versuchst ihn zu überzeugen und stattdessen sagst, dass du es nicht weißt, wird dein Kunde das nicht erwarten. Antworte mit einem „ich weiß es nicht" und gebe dann die Frage, wie gerade beschrieben, wieder zurück. Dein Ziel ist es auch hier, den Kunden sich die Frage selbst beantworten zu lassen, von der Defensive wegzulenken, dich nicht zu rechtfertigen und möglichst viele Informationen über dein Gegenüber zu sammeln. Ich möchte weiterhin bei der Frage von oben bleiben. Wir gehen für dieses Beispiel davon aus, dass du ein Nahrungsergänzungsmittel verkaufst. Dafür werde ich hier kurz ein Gespräch nachstellen:

> Kunde: Ist dein Produkt besser als die anderen? Es gibt schließlich viele Nahrungsergänzungsmittel.
>
> Du: Ich weiß es nicht. Wieso denkst du/denken Sie haben wir so viele zufriedene Kunden?
>
> Kunde: Ich schätze mal, weil das Produkt gut ist?
>
> Du: Meine Stimme würde da allein nicht viel aussagen, aber wir können uns die Meinung von 400 Kunden auf meinem Laptop anschauen. Würde das helfen?

So fängst du nicht an, dich zu rechtfertigen und hilfst dem Kunden bei seiner Entscheidung. Oft kannst du so auch einen versteckten Einwand hinter der Frage umgehen oder ihn entlarven und dann darauf eingehen. Denke daran, dass dein Kunde den Großteil der Zeit reden sollte und du ihm sorgfältig zuhörst. Die wichtigste Grundlage ist eine gute Verbindung zu deinen Kunden und das genaue Wissen über ihre Bedürfnisse und Fähigkeiten, damit du darauf eingehen kannst. Im nächsten Kapitel schauen wir uns an, wie du mit Einwänden umgehen kannst, worauf es dabei ankommt und welche Methoden es dazu gibt. Zusätzlich werde ich dir einige Beispiele an die Hand geben, mit denen du auf bestimmte Einwände reagieren kannst und dir erklären, wie du sie möglichst effektiv benutzt.

# TEIL V

# Umgang mit Vorbehalten

# 5

# Einwandbehandlung

*Großartige Verkäufer erschaffen einen Mehrwert*
*~Grant Cardone*

In diesem Kapitel wird es um die Einwände gehen, die dir deine potenziellen Kunden entgegnen können und wie du auf diese eingehen kannst. Bevor ich damit anfange, möchte ich allerdings eine Sache kurz erklären. Du hast sicher schon einmal gehört, wie jemand sagt, dass Kunden lügen. Sie lügen nicht aus böser Absicht, sondern um sich selbst zu schützen und um aus unangenehmen Situationen zu entkommen. Aber die Wahrheit ist, dass Kunden nicht lügen, weil es in ihrer Natur liegt, sondern weil sie durch falsche Fragestellungen schon fast dazu gezwungen werden. Stelle keine konfrontierenden Fragen und sei selbst ehrlich, dann werden deine Kunden auch ehrlich zu dir sein.

Die meisten Einwände werden sich auf die fünf Gründe, warum Menschen nicht kaufen, beziehen, welche du bereits im Kapitel über die Grundlagen gelernt hast. Zuerst musst du wissen, was der Grund für ihre Skepsis ist, um darauf eingehen zu können. Denke daran, dass du deinem Kunden nichts andrehen, sondern sein Leben verbessern willst.

Wenn du merkst, dass du deinem Kunden keinen für ihn relevanten Mehrwert bieten kannst oder er nichts von deinem Produkt oder deiner Möglichkeit hält, lass ihn gehen. Versuche nicht, ihn zu überreden. Andernfalls würdest du nur deine Glaubwürdigkeit untergraben. Glaubwürdigkeit und Ehrlichkeit werden dir auf lange Sicht mehr vom Vorteil sein als ein Kunde. Selbst wenn du den Kunden so überzeugen könntest, würde er früher oder später unzufrieden werden. Unzufriedene Kunden tragen diese Unzufriedenheit nach außen und erschaffen so ein negatives Bild von dir und deinem Produkt. Diese negative Einstellung dir gegenüber übernehmen seine Freunde und Bekannte und schließen es automatisch aus, mit dir Geschäfte zu machen.

Wenn du hingegen ehrlich bist und ihm sagst, dass es nicht für ihn geeignet ist und er keinen Mehrwert dadurch hätte, bekommt er ein positives Bild von dir. Er fühlt sich wohl, weil du offen mit ihm umgehst. In diesem Fall kreiert er ein positives Bild von dir und empfiehlt dich vielleicht sogar an Freunde und Bekannte, die deinen Service benötigen könnten. Auf lange Sicht wird dir Ehrlichkeit immer mehr von Nutzen sein. Abgesehen davon - und für mich deutlich wichtiger – hast du ein positives Bild von dir selbst und kannst hinter dem stehen, was du machst. Das wollen wir doch alle, oder nicht?

## Beschwerden

Der wichtigste Punkt ist ebenso simpel wie effektiv. Behandle Einwände wie Beschwerden. Was meine ich damit? Die meisten Einwände sind

Beschwerden und so sollten sie auch behandelt werden, bis sie sich als gerechtfertigter Einwand erweisen. Lass mich dir ein Beispiel geben. Wie oft hat sich ein Freund bei dir beschwert, dass er kein Geld hat und dann einen Tag später neue Klamotten oder andere Sachen gekauft? Viele Menschen haben sich beschwert, dass Yeezys überteuert sind und trotzdem haben sie die Schuhe gekauft. Eine Beschwerde verhindert keinen Kauf. Wenn sich der Kunde über etwas beschert, reicht oft ein einfaches „ich verstehe dich" aus, damit er sich beachtet fühlt. Reagiere mit Verständnis. Reagiere mit Verständnis, stimme dem Kunden zu und mache weiter. Damit du ein besseres Verständnis darüber entwickeln kannst, was ich meine, gebe ich dir hier ein Beispiel:

> Kunde: Ich kann es mir nicht leisten, es ist zu teuer.
>
> Du: Ich verstehe, dass es zu teuer für dich ist. Genau das haben alle anderen Kunden auch gesagt, bevor sie das Produkt gekauft haben. Also, ich brauche hier deine Unterschrift.

Was passiert hier? Du nimmst den Einwand wahr, aber gehst nicht darauf ein und übergehst ihn. Der Kunde merkt, dass er nicht der einzige mit dieser Ansicht ist und auch, dass andere, mit derselben Ansicht, mit dir Geschäfte gemacht haben. Auf diese Weise misst du dem Einwand keine Bedeutung bei, der Kunde fühlt sich trotzdem beachtet und wird zum Kauf geleitet. Die meisten Closer gehen auf jeden Einwand direkt ein und fangen an, mit dem Kunden zu diskutieren. Dadurch rechtfertigst du nicht nur den Einwand an sich, sondern bestätigst den Kunden in seinem Einwand. Behandle einen Einwand immer als Beschwerde, gebe dem Kunden recht und mache dann weiter. Indem du dem Einwand keine

Bedeutung gibst, wird es der Kunde auch nicht tun. Frage nicht nach, sondern setze voraus.

Ich weiß, du denkst dir jetzt „aber du hast bisher gesagt, dass ich immer Fragen stellen soll" und das ist auch wichtig, um ein Gespräch zu lenken und eine Verbindung aufzubauen. Allerdings solltest du am Ende eines Closinggespräches - dem eigentlichen Close – und dem Teil, in dem du den Kunden dazu bringen willst, den Vertrag zu unterschreiben, voraussetzen, dass er dein Produkt kauft und nicht nachfragen. Benutze dazu Phrasen wie „wie willst du für dein neues Produkt zahlen?" oder „damit du dein neues Produkt genießen kannst...". Spreche immer von seinem neuen Produkt, da du so implizierst, dass dein Kunde es bereits gekauft hat. Auf diese Weise verbindet er das Produkt schon mit sich und es ist wahrscheinlicher, dass er es tatsächlich kauft.

Wie du bereits weißt, kaufen Menschen aufgrund von Emotionen und rechtfertigen es mit Logik. Deshalb ist es so wichtig in deinem Verkaufsgespräch die emotionalen Punkte deines Gesprächspartners herauszufinden, um darauf einzugehen. So leitest du den Kunden emotional zu einer Entscheidung. Da Menschen ihre Entscheidungen allerdings mit Logik rechtfertigen, solltest du im letzten Teil des Gesprächs - dem Close – logisch begründen, warum seine emotionale Entscheidung richtig ist. Also leite emotional zum Ende und lasse ihn rational eine endgültige Entscheidung treffen.

Das heißt nicht, dass du anfangen sollst, mit dem Kunden zu diskutieren oder auf ihn einzureden. Führe ihm lediglich vor Augen, dass es eine logische Entscheidung ist, dein Produkt zu kaufen, weil er einen Mehrwert dadurch hat. Stimme dem Kunden immer zu, beachte ihn und mache dann weiter. In den meisten Fällen wird das ausreichen, da es sich nur um eine Beschwerde handelt. Wenn es kein ernsthafter Einwand ist, kannst du den Vertrag an dieser Stelle abschließen. Mache damit so lange weiter, bis der Kunde entweder den Vertrag abschließt oder ein gerechtfertigter Einwand hervorkommt, um den du dich dann kümmern kannst.

## Sei ein Coach, hilf deinem Kunden!

Sollte sich ein Einwand als gerechtfertigt herausstellen, dann schalte einen Gang zurück. Versuche nicht, den Kunden zu überzeugen, sondern fungiere als Coach. Hilf ihm bei seinem Problem und suche gemeinsam mit ihm nach einer Lösung. Du willst das Beste für den Kunden und ihm bei seinen Problemen helfen, dadurch fühlt er sich wohl bei dir und gut aufgehoben. Wenn du wirklich überzeugt von deinem Produkt bist, dann ist es in den meisten Fällen auch das Beste für den Kunden. Wie bereits im ersten Kapitel erwähnt, wäre es dann unverantwortlich, ihn nicht von deinem Produkt zu überzeugen und alles in deiner Macht Stehende zu tun, um ihm bei der Entscheidung zu helfen und ihn zu unterstützen. Indem du ihm dabei hilfst, sein Problem zu lösen, gewinnen alle Beteiligten und er gleich doppelt, weil er ein Produkt mit Mehrwert erhält und sein Problem gelöst wird.

Bei der Lösung des Problems kannst und solltest du ruhig kreativ werden. Viele Verkäufer versäumen einen Deal, weil sie nicht kreativ genug sind. Angenommen du möchtest ein Haus für 500.000 Euro verkaufen und dein Kunde hat 25.000 Euro Schulden und will deswegen noch kein neues Haus kaufen. Er sagt dir, dass er die monatlichen Kosten, um das Haus abzubezahlen nicht stemmen kann, weil er noch Schulden hat. Die meisten Verkäufer würden jetzt anfangen, das Haus billiger anzubieten und dem Kunden einen Rabatt zu geben. Das würde allerdings nicht nur den Wert des Hauses in den Augen des Kunden verringern, sondern aus der Sicht des Kunden auch nicht sein Problem lösen. Was kannst du jetzt machen, um den Deal zu retten? Statt einen Rabatt für das Haus anzubieten, kannst du kreativ werden und ihn Fragen ob es einen Unterschied machen würde, wenn er keine Schulden hätte. Ein Gespräch könnte folgendermaßen aussehen:

> Du: Was hindert Sie daran, das Haus zu kaufen? Es ist das Haus, was Sie sich gewünscht haben, es hat alle geforderten Eigenschaften und Ihre Kinder können in dieser Nachbarschaft sicher aufwachsen. Die Ratenzahlung ist fair und liegt in Ihren Preisvorstellungen. Es ist das richtige Haus für Sie und Ihre Familie. Helfen Sie mir hierbei, ich versuche alles, damit es für uns beide funktioniert.

> Kunde: Ja, es ist ein schönes Haus, das Problem ist, dass ich mit meiner aktuellen Ratenzahlung für das Auto nicht hinterherkomme und den Kredit dafür noch nicht abgezahlt habe.

> Du: Also von wie viel genau sprechen wir hier?

> Kunde: Der Kredit beträgt noch 25.000 Euro und es sind noch zehn monatliche Raten von jeweils 300 Euro.

Du: Gut. Würde es einen Unterschied machen, wenn Sie den Kredit nicht mehr zurückzahlen und sich keine Gedanken um die Raten mehr machen müssten?

Kunde: Natürlich, das würde einen großen Unterschied machen.

Du: Wenn ich Ihnen also anbieten würde, den Kredit zu bezahlen, und mich um die restlichen Raten kümmere, damit Sie in ihr Traumhaus ziehen können, würden Sie diese Möglichkeit ergreifen?

Kunde: Ja, dann hätte ich nichts mehr, was mich abhält.

Du: Gut, dann brauche ich hier Ihre Unterschrift und ich werde mich um alles übrige Kümmern.

Sei kreativ und versetze dich in die Lage deines Kunden. Ein Rabatt, um einen Deal zu retten, kann in unterschiedlichsten Weisen angebracht werden und obwohl es insgesamt der gleiche Geldbetrag ist, kann eine andere Herangehensweise für den Kunden eine ganz andere Ansicht bedeuten. In diesem Beispiel ist der Kunde auf seinen Kredit und die Abbezahlung von diesem fixiert. Für ihn macht ein Rabatt keinen Unterschied, weil er nur auf seine Schulden achtet. Indem du ihm seine Sorgen wegnimmst und dadurch wieder auf das Produkt lenkst, löst du nicht nur sein Problem und er wird wahrscheinlich kaufen, sondern er wird dir dankbar sein, weil du ihm die Last von den Schultern genommen hast.

Die Formulierung hierbei ist wichtig. Benutze die Phrase „wenn ich..., würdest du...?". Dadurch hat dein Kunde das Gefühl, dass du dich um seine Probleme kümmerst und du hast eine Zusage, wenn du das Problem beseitigst. Zusätzlich hat der Kunde den Eindruck, du machst etwas Besonderes für ihn und fühlt sich dementsprechend besonders. Er wird dir auf diese Art viel wahrscheinlicher eine Zusage geben.

Du kannst diesen Satz nicht nur zur Problemlösung benutzen, sondern auch in anderen Situationen, beispielsweise um einen Termin zu vereinbaren. So machst du klar, dass du nur etwas machst, wenn dein Gesprächspartner auch etwas macht. Seine Zusage ist die Voraussetzung für dein Handeln. Allerdings kannst du diesen Satz zu oft benutzen, also sei vorsichtig. Benutze ihn nur an Stellen, an denen du eine verbindliche Zusage erreichen möchtest und nicht zu oft in einem Gespräch.

### Ein möglicher Rahmen

Bevor ich dir anhand einiger Beispiele zeige, wie du auf bestimmte Einwände eingehen kannst, kann es sinnvoll sein, einen Rahmen für den Einwand zu erstellen. Mit diesem Rahmen kannst du die Relevanz des Einwands herausfinden und prüfen, ob es ein echter Einwand ist. Du kannst den „wenn ich..., würdest du...?" Satz als alternative zu diesem Rahmen oder als Ergänzung benutzen, um ihn noch effektiver zu gestalten. Du willst hierbei sicherstellen, dass der Kunde es (das Produkt oder den Service) wirklich will und sein Einwand das einzige ist, was ihn bisher davon abhält.

Dazu schaffst du zunächst den Einwand aus dem Weg und fragst den Kunden, ob ihn in einem Szenario, in dem der Einwand keine Rolle spielt, noch irgendetwas abhalten würde. Dadurch schließt du entweder andere Einwände aus, erkennst den eigentlichen Einwand oder zusätzliche Einwände, auf die du dann eingehen kannst. Ohne dieses Wissen kannst du weder auf weitere Einwände eingehen, noch ein besseres Verständnis für deinen Kunden entwickeln. Du kannst die Probleme deines Kunden nur wirklich lösen, wenn du diese kennst und verstehst, wie sie ihn beeinflussen, um darauf einzugehen. Mit der Lösung von Problemen verdienst du Geld. Die Lösung von kleinen Problemen gibt wenig Geld und die Lösung von größeren und komplizierteren Problemen gibt mehr oder viel Geld. Aber das ist ein Thema für ein anderes Buch.

Wenn du den Einwand aus dem Weg geschafft hast, lässt du den Kunden dich überzeugen, dass er das Produkt oder den Service haben will. Dazu fragst du ihn, ob er es wirklich machen will und fragst dann noch einmal nach, wenn er „Ja" sagt. Auf diese Weise gehst du nicht nur sicher, dass ihn wirklich sein Problem davon abhält, sondern lässt den Kunden sich selbst überzeugen und dir die Arbeit abnehmen. An dieser Stelle lässt du dir eine Zusicherung geben und löst dann, mit ihm zusammen, sein Problem oder ihr findet gemeinsam einen Lösungsweg. Hier kannst du mit einem „wenn ich..., würdest du...?" Satz ergänzen und dir auf diese Weise eine Zusicherung holen. Ein Gespräch könnte folgendermaßen aussehen:

Kunde: Ich kann es mir wirklich nicht leisten.

Du: Okay, ich habe dich gehört und verstehe dich. Ich möchte, dass das hier für uns beide funktioniert, also lass mich dir eine Frage stellen. Das Geld außen vorgelassen, denkst du, das Produkt ist das richtige für dich oder ist es nur deine höfliche Art „Nein" zu sagen? Beides wäre für mich ok, ich möchte es bloß wissen, damit ich helfen kann.

Kunde: Nein, es liegt wirklich am Geld. Das Produkt ist das Richtige.

Du: Bist du dir dabei sicher?

Kunde: Ja.

Du: Gut. Wenn ich dir dabei helfe, eine Lösung für das Problem zu finden, würdest du dann dein neues Produkt mitnehmen?

Kunde: Ja. Dann würde ich es sofort kaufen.

Natürlich wird es nicht immer so glatt laufen, wie in diesem Gespräch. Wenn dein Kunde an einer Stelle des Gesprächs mit „Nein" antwortet, dann hast du noch nicht den wirklichen Einwand gefunden und musst dann wieder zurück gehen, um ihn zu finden. Hier kannst du deinen Kunden fragen: „Wenn der Preis das Problem ist, dann würden wir dafür eine Lösung finden, aber ich habe nicht den Eindruck, dass das hier wirklich das Problem ist. Lass uns ehrlich zueinander sein. Wo liegt das wirkliche Problem und wie können wir das zum Funktionieren bringen?". Sei dabei vorsichtig und benutze es auf keinen Fall zu früh im Gespräch! Benutze es nur als letztes Mittel, um den wirklichen Einwand herauszufinden. Wie du vielleicht schon bemerkt hast, ist diese

Vorgehensweise nur für Einwände gedacht, die direkt auf etwas bezogen sind, was den Kunden vom Handeln abhält. Für andere Einwände wie „Ich muss darüber nachdenken" oder ähnliches wird es nicht funktionieren, da du hier kein deutliches Hindernis hast. Benutze diese Vorgehensweise hauptsächlich, wenn du dir sicher bist, dass der Einwand gerechtfertigt und auch echt ist.

## Feel-Felt-Found

Ein echter Klassiker im Verkauf und in der Einwandbehandlung ist die Feel-Felt-Found-Methode. Wenn du dich mit Verkauf und Closing schon ein bisschen auseinandergesetzt hast, kennst du sie wahrscheinlich bereits. Wenn nicht, ist das kein Problem, ich werde sie hier nochmal erklären. Also was ist die Feel-Felt-Found-Methode und wie funktioniert sie?

Der Name kommt aus dem Englischen (fühlen, gefühlt, gefunden) und die Methode benutzt Storytelling (Geschichten erzählen, um Informationen zu verpacken), um den Einwand zu entkräften. Dabei sagst du deinem Kunden zuerst, dass du weißt, wie er sich fühlt und erzählst dann eine Geschichte von dir oder einem Kunden. In dieser Geschichte erzählst du, wie du oder ein anderer Kunde sich genauso gefühlt , aber dann herausgefunden haben, dass es nicht berechtigt war, beziehungsweise es sich trotz Bedenken gelohnt hat. An der Stelle fügst du dann den Mehrwert deines Produktes oder deiner Dienstleistung ein und sagst, dass du oder ein anderer Kunde diesen dann erkannt oder bemerkt haben. Greifen wir das Beispiel der Social-Media-Agentur erneut auf und gehen davon aus, dass du bereits mehrere zufriedene Kunden hast. Dann kannst du beispielsweise sagen: „Ich verstehe, wie Sie sich fühlen. Die Firma x hat sich genauso gefühlt und war sich anfangs unsicher. Aber dann haben sie festgestellt, dass sich ihr Umsatz stark erhöht und sich die Investition mehr als gelohnt hat."

Die Methode ähnelt dem Konzept, Einwände als Beschwerden zu behandeln. Allerdings begründest du hier noch, warum andere Kunden es nicht bereut haben. Dadurch rechtfertigst du den Einwand, aber zeigst danach, dass es sich trotzdem lohnt, mit dir zu arbeiten oder etwas von dir zu kaufen. Die Feel-Felt-Found-Methode wird meistens dazu benutzt, um Kunden positive Erfahrungsberichte mitzuteilen, ohne das direkt anzusprechen und so nicht zu wirken, als würde man sich rechtfertigen oder etwas beweisen müssen. Weil die beiden Methoden sich ähnlich anhören und sich hauptsächlich in ihrer Anwendung unterscheiden, solltest du nicht beide in einem Gespräch verwenden, da der Kunde sonst den Eindruck gewinnen kann, dass du dich wiederholst.

## Closes und Beispiele

Jetzt werde ich dir zu den häufigsten Einwänden ein paar Beispiele geben, wie du darauf eingehen kannst. Denke daran, dass du emotional verkaufen und rational closen solltest. Deswegen sind die folgenden Antworten so aufgebaut, dass der Käufer seine Entscheidung rational rechtfertigen kann und du so den Deal abschließt. Probiere jeden Close aus, um herauszufinden, womit du dich am besten fühlst und welche du am liebsten benutzt. Aber behalte im Hinterkopf, dass ein Close meistens nicht ausreichen wird und du wahrscheinlich mehrere brauchst, auf die du zurückgreifen musst.

## Ich muss darüber nachdenken

Der wohl am häufigsten benutzte Einwand ist: „Ich muss darüber nachdenken". Vielleicht kennst du es auch. Du präsentierst dein Produkt oder deine Dienstleistung und nachdem du mit allem fertig bist erhältst du ein niederschmetterndes „Ich muss darüber nachdenken". In den meisten Fällen wird dieser Einwand nur dazu genutzt, um keine Entscheidung zu treffen und nicht, weil dein Kunde wirklich nachdenken muss. Wenn du alle Einwände behandelt hättest und alles zur Zufriedenheit des Kunden wäre, würde er eine Entscheidung treffen und müsste nicht nachdenken.

Er versucht damit nur, die Entscheidung hinauszuzögern und dafür kann es zwei Gründe geben. Entweder du hast den wirklichen Einwand bisher noch nicht entdeckt und behandelt, oder dein Kunde ist sich nicht sicher genug, um eine Entscheidung zu treffen. In letzterem Fall musst du deinem Kunden dabei helfen, eine Entscheidung zu treffen. Wenn du den wirklichen Einwand noch nicht herausgefunden hast, dann helfen dir die beiden Closes dabei, sie zu finden.

### Ben Franklin Close

Kunde: Ich muss darüber nachdenken.

Du: Ich verstehe, wie schwer es ist, eine Entscheidung zu treffen. Es wird gesagt, dass Ben Franklin, bevor er schwere

Entscheidungen traf, alle Vor- und Nachteile der potenziellen Entscheidung auf ein Blatt schrieb, damit er objektiv bewerten kann, was das Richtige ist.

Jetzt holst du ein Blatt Papier, um die Vor- und Nachteile aufzuschreiben.

Du: Also was sind die Vor- und Nachteile von diesem Kauf? Wenn die Vorteile die Nachteile überwiegen, dann machst du es, wenn sie sie nicht überwiegen, dann kaufst du es nicht.

Du schreibst alle Vor- und alle Nachteile auf ein Blatt. Wichtig dabei ist, dass du den Kunden reden lässt und nicht anfängst, dich zu verteidigen oder zu rechtfertigen. Höre dir seine Argumente an und schreibe diese auch auf. Versuche an der Stelle nicht, deine Ansicht zu den Punkten, die er sagt, mit einzubringen. Lasse ihn allein die Gründe dafür und dagegen aufzählen, damit er sich nicht beeinflusst fühlt. Meistens listet er hier nur Gründe dafür auf und der einzige Grund dagegen ist oft das Geld. An der Stelle erkennst du nicht nur, ob du alle Einwände behandelt hast, sondern gibst dem Kunden einen Grund, dein Produkt trotzdem zu kaufen, weil die Gründe für ein gutes Produkt, wie deins, immer überwiegen.

## 2 Tage oder 3 Wochen

Kunde: Ich muss darüber nachdenken.

Du: Gute Idee. Denkst du zwei bis drei Tage wären lang genug oder wären zwei bis drei Wochen besser?

Kunde: Zwei bis drei Tage würden vollkommen ausreichen.

Du: Gut. Die Wahrheit ist, egal ob du zwei Tage, drei Tage, drei Wochen oder auch drei Monate brauchst, du würdest dir immer dieselben drei Fragen stellen. Soll ich sie mit dir teilen?

Kunde: Klar.

Du: Gibt dir das Produkt/ die Dienstleistung das, was du willst/ brauchst?

Kunde: Ja. (Lass dir zu allen Fragen eine Antwort geben)

Du: Kannst du es dir leisten?/ Könntest du es kaufen, wenn du willst?

Kunde: Ja.

Du: Bin ich die Art Person, mit der du Geschäfte machen willst?

Kunde: Ja.

Du: Dann lass uns das machen, damit du dein neues Produkt genießen kannst/ von der Dienstleistung profitieren kannst.

Das ist ein großartiger Close, weil du dem Kunden zustimmst und ihn sich so erstmal entspannen lässt. Du versuchst nicht direkt, wie er es erwarten würde, dagegen zu argumentieren, sondern zeigst Verständnis und willst ihm dann helfen. So fühlt er sich gut behandelt und du nimmst ihm die Arbeit ab. Wenn der Kunde bei einer Frage mit „Nein" antwortet, dann weißt du wo das Problem liegt und kannst darauf eingehen. Der Close eignet sich gut, um unentschlossenen Kunden zu einer Entscheidung zu verhelfen, den wirklichen Einwand herauszufinden oder kleinere unausgesprochene Einwände zu übergehen, weil du mit den Fragen auf das Grobe lenkst.

### Ich muss mit … darüber reden

Der Einwand wird meistens sein, dass dein Kunde sagt, er muss mit seiner Frau reden, aber es geht auch mit seinem Chef oder Finanzplaner und so weiter. Auch bei diesem Einwand ist es häufig nur der Versuch, eine Entscheidung aufzuschieben und nicht der wirkliche Grund. Um deinem Kunden jetzt bei einer Entscheidung zu helfen musst du allerdings anders vorgehen, als bei einem „ich muss darüber nachdenken" Close, weil der Einwand anders begründet wird und dein Kunde sich sonst nicht beachtet fühlt. Ich werde die Beispiele auf die Ehefrau beziehen, aber für alle anderen dritten Parteien kannst du sie natürlich auch verwenden.

### Was, wenn? Close

> Kunde: Ich muss mit meiner Frau darüber reden.

> Du: Was ist, wenn sie nein sagt?

Jetzt gibt es zwei Möglichkeiten, wie dein Kunde antworten kann.

1.:

> Kunde: Sie wird nicht nein sagen.

> Du: Gut. Dann lass uns das machen. Ich brauche hier und hier deine Unterschrift.

2.:

> Kunde: Dann werden wir es nicht kaufen.

> Du: Wozu würde sie denn nein sagen?

Kunde: Zum Preis.

Du: Was genau ist es bei dem Preis, zu dem sie nein sagen würde? Der Gesamtpreis, die monatlichen Raten oder die Vorauszahlung?

Im 2. Fall versuchst du den genauen Einwand herauszufinden. Die Frau ist nicht anwesend und hat auch noch nichts von dem Preis gehört, also mit wessen Einwand beschäftigst du dich hier wirklich? Du benutzt die Frau, die nicht da ist, um den wirklichen Einwand herauszufinden, auf den du dann eingehen kannst. Im 1. Fall hilfst du deinem Kunden einfach, eine Entscheidung zu treffen. Seine Frau wird nicht ablehnen und indem du ihm das nochmal vor Augen führst, kann er eine Entscheidung treffen, ohne sich schuldig zu fühlen.

## Vergleich Close

Kunde: Ich muss mit meiner Frau darüber reden.

Du: Ich verstehe das und das solltest du. Aber wenn deine Frau irgendwie wie meine ist, dann sagt sie nie nein, wenn ich etwas wirklich will oder ich mir sicher bin. Und ich sage nie nein zu ihr, wenn sie etwas wirklich will. Also unterschreibe hier und ich erledige den Rest für dich.

Natürlich solltest du für diesen Close nicht vorgeben, eine Frau zu haben, wenn dem nicht so ist. Stattdessen könntest du Bezug auf deine Freundin oder Freunde von dir und deren Partner nehmen. Du musst diesen Close unbedingt mit genug Selbstvertrauen benutzen. Dieser Close kann dich allerdings in eine Lage versetzen, in welcher der Kunde sagt, dass seine

Frau die Entscheidungen trifft und ein nein von ihr auch ein nein bedeutet. Dann musst du wieder zurück zum ersten Close und fragen, wozu sie nein sagen würde.

## Es ist zu teuer

Geld hat immer nur den Wert, den man ihm zumisst. Wenn der Wert eines Produktes den Wert deines Geldes, aus deiner Sicht, übersteigt, dann kaufst du das Produkt. So ist es auch bei deinen Kunden. Die meisten Menschen legen viel zu viel Wert auf Geld und vernachlässigen dabei ihr eigenes Glück und Wohlbefinden. Um gegen diesen Einwand vorzugehen, kannst du also die Aufmerksamkeit vom Geld weg auf das eigentlich Wichtige lenken oder du kannst es ins Absurde ziehen. Dafür sind die Beispiele gedacht, die ich dir jetzt gebe.

### Besser reich zu leben, als reich zu sterben

> Kunde: Das ist zu teuer, ich kann es mir nicht leisten.
>
> Du: Es ist besser ein bisschen mehr zu zahlen und das zu kriegen, was du willst, als ein bisschen weniger zu zahlen und einen Fehler zu machen. Es ist besser reich zu leben, als reich zu sterben. Sind wir mal ehrlich, du kannst Geld nicht mit dir nehmen. Ich brauche deine Unterschrift hier und ich kümmere mich um alles, damit du dein neues Produkt genießen kannst.

Dieser Close erinnert den Käufer daran, was wirklich wichtig ist und dass er nichts von seinem Geld hat, wenn er es nicht ausgibt. Er ist besonders gut geeignet für Gesundheitsprodukte und Verbrauchsgegenstände im Allgemeinen, aber kann auch für andere Produkte benutzt werden.

## Ins Absurde

Kunde: Das ist zu teuer, ich kann es mir nicht leisten.

Du: Der Service kostet 500€ pro Monat, das sind ungefähr 17€ pro Tag. Du arbeitest acht Stunden am Tag, das wären also ca. 2€ pro Arbeitsstunde. Du kannst mit dem Service Zeit sparen, mehr Kunden gewinnen, Arbeit abgeben und dir eine Menge Stress ersparen. Komm, das ist absurd. Ich brauche hier deine Unterschrift.

Hier brichst du den Preis auf die kleinste Einheit herunter und vergleichst es dann mit dem, was dein Kunde alles erhält. Das kannst du auch gut mit Verbrauchsgegenständen und besonders gut bei Immobilien machen.

## Kein Mangel an Geld

Kunde: Das ist zu teuer, ich kann es mir nicht leisten.

Du: Ich verstehe, dass es teuer ist, aber es gibt keinen Mangel an Geld auf dieser Welt. Es gibt allerdings einen Mangel an Menschen, die glücklich sind, gesund sind und ihr Leben genießen. Also lass uns das machen, ich brauche deine Unterschrift hier und hier.

Diesen Close kannst du für so gut wie alle Produkte und Dienstleistungen verwenden. Du musst dazu lediglich die Vorteile, von deinem Produkt oder deinem Service, daran anpassen. Wenn du ein Nahrungsergänzungsmittel verkaufst, dann kannst du die Gesundheit nehmen und bei einem Service kannst du betonen, dass es einen Mangel an Menschen gibt, die die Ergebnisse von deinem Service erzielen.

## Keine Zeit

Keine Zeit zu haben ist eine häufige Ausrede, wenn du einen Service oder eine Dienstleistung verkaufst. In den meisten Fällen haben deine Kunden nur keine Lust zu schauen, ob sie es in ihren Zeitplan integrieren können, aber manchmal denkt dein Kunde wirklich, dass er keine Zeit hat. Deine Aufgabe ist es jetzt, ihm zu zeigen, dass er es schafft.

### Um andere Dinge kümmern

Kunde: Ich habe keine Zeit dafür.

Du: Das verstehe ich, ein Mann wie du hat viel zu tun und ist sehr beschäftigt. Lass uns das deswegen jetzt erledigen, damit du dich um andere Dinge kümmern kannst, die wichtig sind und deine Aufmerksamkeit brauchen.

Dieser Close berücksichtigt den Einwand und benutzt ihn als Grund, weiter vorwärts zu gehen. Du kannst ihn in abgeänderter Form auch für die Kaltakquise benutzen, wenn dein Prospekt sagt, dass er keine Zeit hat. Hier würdest du dann den Einwand beachten und danach fragen ob er eine geringe Menge an Zeit erübrigen kann.

### Genau deshalb Close

Kunde: Ich habe keine Zeit dafür.

Du: Das verstehe ich und genau deshalb sollten wir das jetzt machen.

Kunde: Was meinst du?

Du: Ich verstehe, dass du keine Zeit hast und genau deshalb sollten wir das jetzt machen. In der Zukunft wirst du auch nicht mehr Zeit zur Verfügung haben und es wird nie der richtige Zeitpunkt sein. Dieser Service spart dir Zeit und je länger wir warten, umso länger wirst du wenig Zeit haben. Ich brauche hier deine Unterschrift, lass uns das machen.

Ähnlich wie beim ersten Close, benutzt du hier das Gewicht des Einwands, um weiter zu machen. Wenn dein Service keine Zeit spart oder du ein Produkt verkaufst, dann kannst du sagen, dass er oder seine Firma es früher oder später benötigen wird bzw. es wichtig ist. Sage ihm, dass genau das der Grund ist und dass sich das nicht ändern wird und mach weiter.


## Allgemein

Zum Abschluss möchte ich dir noch zwei Closes an die Hand geben, die du für jeden Einwand benutzen kannst. Allerdings solltest du dich, wenn möglich, zuerst auf die Probleme des Kunden konzentrieren.

### Den Einwand entsorgen

Hier fragst du den Kunden, ob er das Produkt oder den Service kaufen würde, wenn alles zu seiner Zufriedenheit ist. Hier suchst du logischerweise nach einem „Ja". Wenn der Kunde dann mit einem „Ja" antwortet, fragst du ihn, was ihn dann noch davon abhält. Auf diese Weise findest du den wirklichen Einwand heraus und kannst dann darauf eingehen. Du kannst diesen Close an einer Stelle verwenden, an der du einfach nicht verstehst, warum der Kunde noch nicht gekauft hat.

## Mach es für mich

> Wenn du es nicht für dich machen kannst und du es auch nicht
> für deine Frau und deine Familie machen kannst, dann bitte ich
> dich, es für mich zu machen.

Menschen wollen anderen Menschen helfen und wenn du jemanden
direkt fragst, ob er etwas für dich machen kann, wird er es wahrscheinlich
machen. Wenn du eine gute Bindung zu deinem Kunden hast, kannst
du ihn fragen, ob er dir einen persönlichen Gefallen tut. Du würdest ihn
nicht fragen, wenn es nicht die richtige Entscheidung für ihn wäre und
er würde dir einen persönlichen Gefallen tun. Nicht nur du, sondern
deine Frau und deine Familie wären dafür dankbar. Wie bereits gesagt,
musst du dafür aber erst eine gute Beziehung zu deinem Kunden
aufgebaut haben, bevor es funktioniert.

# Teil VI

# Dein persönlicher Erfolg

# 6

# Schlussgedanke,

# Zusammenfassung und Appell

*Das Entscheidende am Wissen ist,*
*dass man es beherzigt und anwendet.*
*~Konfuzius*

Wie du bereits aus der Einleitung weißt, ist das ganze Leben verkaufen. Du verkaufst dich in jeder Sekunde deines Lebens und im Umgang mit anderen Menschen. Wenn du auf ein Date gehst, verkaufst du dich, egal ob es bewusst oder unbewusst ist. Sogar wenn du alleine bist, verkaufst du dir deine eigenen Gedanken oder die von anderen. In jeder Interaktion zwischen Menschen findet ein Verkauf statt, manchmal mit Geld, aber meistens mit Ideen, Informationen und Glaubenssätzen.

Wenn jemand in einer Diskussion die Oberhand gewinnt, dann verkauft er den anderen seine Ideen und Ansichten. Das ganze Leben besteht aus Verkauf, beziehungsweise ist verkaufen, aber die meisten Menschen sprechen nur von Verkauf, wenn es mit Geld zu tun hat. Zu verstehen, dass das ganze Leben verkaufen ist, hilft dir nicht nur, dein Leben besser zu kontrollieren und nachvollziehen zu können, sondern auch, die Handlungsweisen von anderen zu verstehen. Gerade weil das ganze Leben aus Verkauf besteht, kannst du die Informationen aus diesem Buch nicht nur auf Verkaufsgespräche, sondern auch auf dein restliches Leben übertragen. Den Kunden zum Kauf zu bewegen, also ihn zu closen, ist nichts anderes, als ihm deine Meinung von dem Produkt zu verkaufen. Du kannst also anderen Menschen deine Meinung verkaufen, sprich, sie überzeugen. Damit kannst du deine Meinung durchsetzen oder anderen dabei helfen, eine bessere Entscheidung zu treffen. Du kannst jetzt auch erkennen, wie andere Menschen dir etwas verkaufen wollen und wirst nach und nach immer mehr Muster in deinem Alltag oder bei anderen erkennen.

Es ist faszinierend, wie sich die Perspektive ändern kann, nachdem man Informationen aufgenommen und verinnerlicht hat. Wenn du dich einmal auf ein Thema fokussierst und dich damit beschäftigst, wirst du Muster davon in allen möglichen Situationen erkennen. So weißt du, dass du auf dem richtigen Weg bist, diese Fertigkeit zu erlernen und zu perfektionieren. Jetzt werde ich noch einmal die wichtigsten Dinge kurz zusammenfassen, damit du sie dir nochmal ins Gedächtnis rufen kannst. Wie alles andere auch, lernst du ein gutes Closing nur durch ständige Übung und Wiederholung und deswegen empfehle ich dir auch, dieses Buch nicht nur einmal zu lesen, sondern immer wieder, bis du es verinnerlicht hast.

## Zusammenfassung

Es gibt Gründe, warum Menschen etwas kaufen und warum sie es lassen. Diese beziehen sich meistens auf das Bedürfnis, Dringlichkeit, Geld,

Verlangen und Vertrauen. Auf diese Aspekte solltest du deine Produktpräsentation aufbauen. Bei der Präsentation kannst du Wörter, die die Gedanken des Anderen beeinflussen, benutzen. Dazu ist es wichtig, dass du immer deine Ziele von hinten aufrollst und so feststellen kannst, was du dazu benötigst. Nach dem Schmerz-Aspirin-Prinzip erzeugst du einen Schmerz bei deinem Kunden und bietest ihm dann dein Produkt als Lösung an. Dazu musst du zuerst die Bedürfnisse deines Kunden herausfinden und um das zu erreichen, musst du Fragen stellen. Wer fragt, führt und je weniger du redest, desto mehr wirst du erreichen. Sammle zuerst genügend Informationen über die Bedürfnisse und Fähigkeiten des Kunden, bevor du ihm etwas verkaufen willst. Um dabei die Kontrolle im Gespräch zu behalten, sind die vier mächtigsten Wörter „ich weiß es nicht". Wenn dein Kunde eine Frage stellt, dann antworte mit „ich weiß es nicht" und lasse ihn die Frage selbst beantworten. Antworte dazu immer mit Fragen, die ihm zum Nachdenken anregen, aber lenke nie von der Frage deines Kunden ab, weil er sonst ungeduldig wird und du deine Glaubwürdigkeit untergräbst.

Neben der richtigen Gesprächsführung ist eine selbstbewusste und positive Ausstrahlung ebenfalls wichtig. Die wichtigsten Grundlagen dafür sind Ehrlichkeit, Transparenz, Ruhe und Integrität. Dein Selbstbewusstsein kannst du durch stetige und erfolgreiche Wiederholungen aufbauen und verbessern. Wenn du schließlich zum Vertragsabschluss ansetzt, ist es wichtig, immer davon auszugehen, dass dein Kunde dein Produkt kauft und nicht zu fragen. In den seltensten Fällen wirst du keine Einwände des Kunden hören und wenn du es tust, behandele sie so lange als Beschwerde, bis sie sich als gerechtfertigter

Einwand herausstellen. Sollte sich der Einwand als gerechtfertigt herausstellen, dann fungiere als Coach und hilf dem Kunden dabei, sein Problem zu lösen. Die wichtigste Regel im Verkauf ist, dem Kunden immer zuzustimmen und ihn zu beachten. Aus seiner Sichtweise hat er, in seiner momentanen Situation, recht und indem du ihm das bestätigst, fühlt er sich bei dir wohl und beachtet. Denke daran, dass du deinem Kunden helfen willst und immer im Interesse des Kunden handelst.

## Mein Appell an dich

Hast du noch alles gewusst? Auch wenn du dich jetzt noch an alles erinnerst, dauerhaft verinnerlichst du Wissen, wie bereits gesagt, nur durch Wiederholung. Verinnerliche dieses Wissen, damit du es dauerhaft abrufen kannst. Wissen ist Macht. Das hast du bestimmt schon einmal gehört. Das stimmt allerdings nicht ganz, denn Wissen ist nur potenzielle Macht. Selbst wenn du alles Wissen der Welt aufgenommen hast, nützt es dir nichts, wenn du es nicht anwendest.

Wenn du Wissen anwendest, dir aneignest und demonstrierst, dann sammelst du Erfahrungen. Wenn du diese Erfahrungen nach Belieben wiederholen kannst und sie, ohne aktiv darüber nachzudenken, anwendest, wird diese Erfahrung zu Weisheit. Erst dann ist dein Wissen Macht. Erst wenn Wissen angewendet und benutzt wird, kann man von Macht sprechen. Vor der Anwendung bleibt es bei der Möglichkeit.

Deshalb möchte ich dich zuletzt dazu ermutigen, dieses Wissen nicht nur zu verinnerlichen, sondern es anzuwenden. Benutze es und sammle Erfahrungen, die schließlich zu Weisheit werden können. Nur durch

Handlungen kann etwas verändert werden. Nur wenn du dein Wissen umsetzt, kannst du dich weiterentwickeln. Dein persönlicher Erfolg ist von der Umsetzung abhängig.

Du weißt noch nicht, wie du mit Closing Geld verdienen und das Wissen umsetzen kannst? Dann schreibe mir jetzt eine E-Mail mit dem Betreff „Geld mit Closing" an die E-Mailadresse oliverfaatz@gmx.de und ich werde dir kostenlos zeigen, wie du damit Geld verdienen kannst. Ich freue mich darauf, von dir zu hören und ich hoffe, dass ich dir mit diesem Buch helfen konnte.

Zeitfracht Medien GmbH
Ferdinand-Jühlke-Straße 7
99095 Erfurt, Deutschland
produktsicherheit@kolibri360.de